PAZIFISCHER OZEAN
Bali See
Kubutambahan
Sangsit
Buléléng
SINGARAJA
Téjakula
Gitgit
Penulisan
Kintamani
Batur
Gn. Batur
1.717 m
D. Batur
Trunyan
Tianyar
Kubu
Gn. Catur
2.020 m
D. Buyan
D. Tamblingan
D. Bratan
Bedugul
Gn. Abang
2.152 m
Amed
Culik
Gn. Agung
3.142 m
an
Gn. Batukau
2.276 m
Gn. Seraya
1.174 m
Besakih
Rendang
Selat
Iseh
Tampaksiring
AMLAPURA
Sidemen
Tenganan
Asak
Ujung
BANGLI
Manggis
tosari
Sangeh
Péjéng
Ubud
Bedulu
KLUNGKUNG
Padang Bay
TABANAN
Mas
GIANYAR
Mengwi
Kusamba
Batuan
Saba
Sempidi
Tanahlot
DÉNPASAR
Kesiman
Sanur
Straße von Badung
Straße von Lombok
Kuta
NUSA
PENIDA
Flughafen
Benoa
Uluwatu
BUKIT
0
10
20
30 km

Albert Leemann

BALI

Insel der Götter

Mit 122 Farbfotos und
einer Übersichtskarte

Pinguin-Verlag, Innsbruck
Umschau-Verlag, Frankfurt/Main

Das Bild auf der Titelseite zeigt eine
Légong-Tänzerin; Foto: Bildarchiv Karlheinz Schuster
Alle Farbdias mit Ausnahme des vorderen Umschlagbildes wurden vom Verfasser selbst gemacht

Druck und Bindung: Verlagsanstalt Tyrolia, Innsbruck
Lithos: Wagner'sche Univ.-Buchdruckerei, Innsbruck
Printed in Austria
ISBN 3-524-76017-1

Inhalt

Vorwort

Ich freue mich über die Veröffentlichung des Buches „Bali – Insel der Götter". Den Autor kenne ich persönlich. Es ist ein Schweizer Professor, der jahrelang in balinesischen Familien lebte und so mit den verschiedenen Sitten und Bräuchen vertraut wurde. Seine engen Beziehungen zu den Verantwortlichen für die Belange des Hindu-Glaubens und zu kulturellen Kreisen gewähren die solide Grundlage des Buches.
Ich hoffe, daß das Buch auch in Indonesien und in anderen Ländern verlegt werde, damit es allen kulturell Interessierten zugänglich ist. Ich bin überzeugt davon, daß der Leser mit dieser Lektüre sein Wissen um die Kultur und die Philosophie der Insel bereichern kann.

Tjokorde Ngurah Wim Sukawati
Botschafter der Republik Indonesien in der Schweiz

Wir begrüßen die Veröffentlichung des Buches „Bali – Insel der Götter", geschrieben vom Schweizer Professor Dr. Albert Leemann. Als seine Berater wissen wir um das jahrelange Bemühen des Autors, nicht nur die äußeren Erscheinungen zu beschreiben, sondern auch deren Grundlagen zu erarbeiten. Das Leben in balinesischen Familien machte den Verfasser mit dem Adat vertraut, das tief im Volksempfinden verankert ist. Leemanns Kontakte zu Priestern, Religionsvorstehern und anderen kulturbewußten Balinesen geben dem Buch die glaubwürdige Basis.
Wir hoffen, daß dieses vorerst in deutscher Sprache publizierte Buch unseren Landsleuten auch in indonesischer Sprache zugänglich gemacht wird. Ebenso erfreulich wären weitere Übersetzungen, damit die Besucher Balis ihre Kenntnisse über die Insel der Götter vertiefen können, unterstützen doch Bild und Text unser Bemühen zur Förderung des **kulturellen** Tourismus auf wertvolle Weise.

Anak Agung Ktut Agung, Amlapura und Dénpasar
Mitglied des Parlamentes der Republik Indonesien

Dr. Ida Bagus Oka Puniatmaja, Dénpasar
Vorsteher des Amtes für Belange des Hindu-Glaubens und Dozent an der Universität Udayana

Dr. I Gusti Agung Gdé Putra, Dénpasar
Vorsteher des Religionsamtes I in Bali und Dozent an der Universität Udayana

Bali

Ein heftiges Tropengewitter entlud sich über Yogyakarta. Schwere Regentropfen peitschten an die Fenster des Hotels, wo ich versuchte, die verwirrende Fülle neuer Eindrücke zu ordnen. Meine erste Reise nach Indonesien im Jahr 1967 hatte unter erschwerten Bedingungen begonnen. Politische Wirren erschütterten das Land. Gewisse Straßen waren nachts gesperrt, und die Eisenbahn von Bandung nach Zentraljava fuhr unter Militärschutz. Ob wir später Bali anfliegen könnten, wagte niemand zu bestätigen.

Doch einige Tage später war es soweit. Kurz nach Mitternacht bestiegen wir einen scheppernden Autobus, der uns nach Semarang brachte. Am Nachmittag startete das Flugzeug und setzte zwei Stunden später sicher auf der Piste in der Nähe der balinesischen Hauptstadt auf, wo Mädchen in traditioneller Festtagskleidung tanzend und blumenstreuend die wenigen Touristen willkommen hießen. Im einzigen internationalen Hotel bemühten sich 350 Angestellte um das Wohl der dreißig Gäste.

Inzwischen ist über ein Jahrzehnt verflossen, von dem ich mehr als zwei Jahre in Bali verbracht habe. War es anfänglich die schillernde Vielfalt der äußeren Erscheinungen, die mich fesselte, bemühte ich mich in der Folge, den Grundlagen der faszinierenden Kultur auf die Spur zu kommen. Da ich für meine Untersuchungen gastfreundliche Aufnahme bei Einheimischen fand, war es mir vergönnt, am Alltagsleben der Balinesen teilzunehmen und ihre Rituale und Zeremonien aus eigener Anschauung kennenzulernen. An meinen Wohnsitzen machten mich die Gastgeber mit Priestern, Künstlern und Gelehrten bekannt, die mir mit viel Geduld ihr reiches Wissen vermittelten.

Was macht Bali zur bekanntesten Insel Indonesiens? Reisebüros verweisen in ihren Prospekten auf die exotische Landschaft in ganzjährig angenehmem Klima. Und tatsächlich haben sie recht: Bali ist ein Fest für die Augen, bei dem die Landschaft mitspielt! Kegelförmige Vulkane dominieren das Inselrelief und gliedern die Gebirgssilhouette. In den tieferen Lagen hat der Mensch das Land für seine Bedürfnisse umgestaltet und eine Kulturlandschaft geschaffen, die ihresgleichen sucht. Ausdruck dafür sind in erster Linie die kunstvoll angelegten Reisterrassen, über deren Stufen das sorgfältig zugeführte Wasser plätschert. Romantische Strandlandschaften tragen das Ihre zur abwechslungsreichen Szenerie bei, dürfen aber nicht darüber hinwegtäuschen, daß sich Bali für Badeferien allein nur bedingt anbietet, denn wo Korallenriffe der Küste vorgelagert sind, ist das Baden nur bei Flutstand möglich, und andernorts – so am Sandstrand von Kuta – hat der Schwimmer der starken Brandung und den Wasserströmungen Rechnung zu tragen.

Grün dominiert die Farbpalette der Insel. Deren Abstufungen reichen vom zarten Grün junger Reispflanzen über den satten Farbton verschiedener Palmen bis zur dunklen Tönung der Gebirgswälder. Blüten und Blumen setzen bunte Akzente: leuchtend rot der Hibiskus, die Canna, der Flamboyantbaum und die Blätter des Weihnachtssterns, violettrot die Bougainvillea, weiß bis rötlich die Seerosen, mit einem Anflug ins Gelbliche die Blüten des Frangipanibaumes. In Astgabeln von Urwaldbäumen wachsen genügsame Orchideen. Duftwolken von Jasmin und Orangenblüten schmeicheln dem Geruchsinn. Mit Ausnahme von bunten Schmetterlingen, Käfern, Vögeln und Affen wird der Tourist Tiere eher zu Gehör als zu Gesicht bekommen: summende Mücken, quakende Frösche, zirpende Zikaden und glucksende Geckos. Lohnenswert eine Strandwanderung zur Ebbezeit, erhält man dabei doch einen eindrücklichen Einblick in die Vielfalt der Lebewesen einer Riffzone!

Was wäre aber ein Balierlebnis ohne die Begegnung mit den freundlichen Einheimischen, deren natürliche Würde, Gelassenheit und Sicherheit im Auftreten beeindrucken? Die tief in der Religion verhaftete Kultur stellt allerdings gewisse Anforderungen an den Touristen: Erst nach einigen Bemühungen um das Verständnis für Zusammenhänge wird die Ausgewogenheit zwischen Mensch und Natur, zwischen Göttern und Dämonen für Außenstehende faßbar. In einem freilich kommen sich die balinesischen Götter und die Touristen recht nahe: Beide erfreuen sich an farbenfrohen Prozessionen und kunstvoll zugerichteten Opfergaben. Beide wissen Feste und Musik, Tanz und Schauspiele zu schätzen. Deshalb wird denn auch kaum ein Inselbesucher Bali enttäuscht verlassen! In meinem Buch habe ich versucht, die einzigartige Insel im Bild festzuhalten und in Verbindung mit dem erläuternden Text dem Leser näherzubringen. Dankbar gedenke ich dabei der Unterstützung und Herzlichkeit der Balinesen.

Zur Geschichte Balis

Die balinesische Kulturgeschichte kann in folgende Epochen gegliedert werden:

1. Die Epoche der Steinzeitkulturen. Beginn zwischen 2500 v. Chr. und 1500 v. Chr.; Ende im 2. Jahrhundert n. Chr.
2. Altbalinesische Epoche. Vom 2. nachchristlichen Jahrhundert bis in die Zeit zwischen dem 7. und 9. Jahrhundert.
3. Ältere hindubalinesische Epoche mit ersten buddhistischen und hinduistischen Einflüssen. Zwischen dem 7. und 9. Jahrhundert bis ungefähr 1000 n. Chr.
4. Mittlere hindubalinesische Epoche mit engen Beziehungen zu den ostjavanischen Königreichen. Von ungefähr 1000 n. Chr. bis ins 13. bzw. 14. Jahrhundert.
5. Jüngere hindubalinesische Epoche mit entscheidender Prägung durch hindujavanische Einwanderer aus dem Königreich Majapahit; ab 13./14. Jahrhundert.

Die ältesten schriftlichen Quellen Indonesiens stammen aus der ersten Hälfte des 5. nachchristlichen Jahrhunderts. Es handelt sich um Steininschriften, die in Ostkalimantan und Java gefunden worden sind. Auf Bali tauchen schriftliche Belege erst nach 600 n. Chr. auf.

Die Epoche der Steinzeitkulturen

In Übereinstimmung mit der Gliederung in Europa – ohne aber zeitlich mit ihr übereinzustimmen – unterteilt man die Vorgeschichte Indonesiens in die Steinzeit, die Bronzezeit und die Eisenzeit. Bisher sind in Bali keine altsteinzeitlichen Funde bekannt geworden, was freilich nicht bedeutet, daß die Insel damals unbesiedelt war. Es gilt zu bedenken, daß die fruchtbarsten Teile Balis bis in die jüngste Zeit immer wieder von vulkanischen Auswurfmassen und Anschwemmungsmaterialien überdeckt wurden und so Spuren früherer Bewohner ausgewischt worden sind. Zahlreich hingegen sind Funde jungsteinzeitlichen Alters. Es handelt sich um ausgeklügelte Werkzeuge wie Klingen, Beile, Pickel und Hakken aus Stein, hergestellt von sogenannten Altindonesiern und Jungindonesiern. Diese frühen Bewohner sind Nachkommen einstiger Auswanderer aus Festland-Asien. Sie sind unter dem Druck nordasiatischer Völker um 2000 v. Chr. zur Wanderung gezwungen worden und haben um 1500 v. Chr. die indonesischen Inseln erreicht und dort gesiedelt. Sie lebten nicht mehr auf der Stufe von Jägern und Sammlern, sondern pflanzten Reis im Trockenfeldbau und in überfluteten Äckern, züchteten Wasserbüffel, kannten die Töpferei und woben Stoffe. Seit 300 v. Chr. wurden neben Steinen auch Bronze und, in geringerem Maße, Eisen zur Herstellung von Werkzeugen verwendet. Ursprünglich belieferten vor allem Völker aus dem Norden des heutigen Vietnams die Indonesier mit neuen Geräten und Waffen. Wie Funde belegen, war die Kunst der Metallherstellung und -bearbeitung bald auch in Indonesien heimisch. Berühmtheit erlangt haben die großen „Bronzetrommeln". Das schönste Beispiel dafür ist der sogenannte „Mond von Péjéng", der im Tempel Penataran Sasih in Péjéng aufbewahrt wird. Es handelt sich um einen in einem Stück gegossenen, über mannshohen Kesselgong mit einem Durchmesser von ungefähr 140 cm. Er gilt als der größte Gong seiner Art und ist mit acht stilisierten Menschenköpfen prachtvoll verziert. Die in einem Tempel unweit nördlich von Péjéng gefundene Steinform für den Guß ähnlicher, aber kleinerer Gongs ist Beweis dafür, daß die Instrumente nicht ausschließlich eingeführt, sondern auch in Bali selbst gegossen worden sind. Im Vergleich zu Java sind bronzezeitliche Funde in Bali häufiger. Dies ist nicht zuletzt darauf zurückzuführen, daß vielerorts in Bali Armspangen, Fingerringe und weitere Erzeugnisse aus der Bronzezeit als Teile des Tempelschatzes sorgfältig gehütet werden. Es ist begreiflich, daß in den verflossenen zwei Jahrtausenden die Beziehungen zu dieser alten Kultur verlorengegangen sind und die heutigen Bewohner von Péjéng die Entstehung ihres Kesselgongs

deshalb in eine recht lebensnahe Legende kleiden:
Anstelle der 12 Monde waren einst deren 13 am Himmel. In einer Nacht ereignete sich das Unglück: Ein Mond fiel zur Erde und verfing sich dabei im Geäst eines Baumes. Zum Ärger der Diebe wurden nun die Nächte taghell erleuchtet. Um seinem unehrlichen Handwerk weiterhin unbeobachtet nachgehen zu können, entschloß sich der frechste aller Spitzbuben, das störende Licht zu löschen. Er tat dies, indem er auf den Baum kletterte und den Mond anpißte. Dieser barst dabei, erschlug den Frevler und fiel in Form der „Riesentrommel" – dem Mond von Péjéng – zu Boden.
Auffallende vorgeschichtliche Überreste sind Kultplätze mit großen, unbehauenen Steinen. Forscher nehmen an, daß die Steinzeitkultur Indonesien in zwei zeitlich gestaffelten Wellen erreicht habe. In der Jungsteinzeit entstanden Anlagen mit aufgerichteten Steinen (Menhire), wurden Terrassen, Tische, Sessel und Versammlungsplätze aus Stein errichtet, während aus der Bronzezeit hauptsächlich Steingräber und -sarkophage bekannt sind. Die Steinzeitkultur steht in engem Zusammenhang mit der Religion und dem Ahnenkult. Es ist bemerkenswert, daß die „Hindutempel" auf Bali größere Ähnlichkeit mit vorgeschichtlichen Kultstätten als mit indischen Tempelanlagen aufweisen. Im Mutterland des Hinduismus stehen Gottstatuen im Zentrum der Verehrung, nicht aber in Bali. So wird in Indien der Sonnengott bildlich dargestellt, während in balinesischen Kultstätten für Surya, den Sonnengott, ein Schrein in Form eines Steinsitzes errichtet worden ist, auf dem sich der Gott niederläßt, wenn er dazu eingeladen worden ist. Vielerorts sind solche Steinsessel noch heute mit Sonnensymbolen verziert. Indische Tempel sind Häuser oder Hallen, balinesische Kultstätten hingegen offene, heilige Plätze, die mit Mauern umschlossen sind. Der Sonnengott, der Berggott, der Meergott, aber auch die Seelen vergöttlichter Ahnen wurden eingeladen, während der Zusammenkunft der Gläubigen auf den bereitgestellten Steinsitzen Platz zu nehmen. Manchmal waren diese Sitzplätze lediglich aufgerichtete Steine, bald einfache Steintische oder -sessel. Diese steinzeitlichen Strukturen können als Vorläufer der Altäre gedeutet werden, die heute in keinem balinesischen Tempel fehlen: den hohen, steinernen Sitzen für den Sonnengott. In manchen Tempelanlagen trifft man auf weitere Zeugnisse der Steinzeit. Oft sind es lediglich Steinhaufen, die Göttern zeitweilig als Behältnis dienen und die mit Opfergaben bedacht werden. Im Dorf Trunyan wird im Méru Dalem Sakti ein vier Meter hoher Stein aufbewahrt, der jährlich gewaschen und gesalbt wird. Am Nordende einer anderen altbalinesischen Siedlung, in Tenganan, befindet sich der Tempel Yéh Santi, ein Steintempel, dessen Betreten Fremden verboten ist. Auch die Stufenpyramiden von Mertha Sari und Sanur sind Ausdruck des Steinkultes.
Ahnenkulte sind in Indonesien seit vorgeschichtlichen Zeiten verbreitet. Die Seelen der Vorfahren wurden bei Dorfversammlungen eingeladen, auf Steinsesseln Platz zu nehmen und den Kulthandlungen beizuwohnen. Da Dorfvorsteher und Älteste als Verkörperungen der Ahnen betrachtet wurden, stand ihnen das Recht zu, auf den erwähnten Steinsesseln zu sitzen. Solche Versammlungs- und Beratungsplätze sind Vorläufer heutiger Sitzungshallen von Dorfgemeinschaften. Das Weiterleben der Steinzeitkultur belegt, daß das Weltbild der Balinesen stark mit ihrer Vorgeschichte verknüpft ist, beweist aber auch, daß bereits vor der Beeinflussung durch die Hochreligionen die Inselbewohner eine hohe Lebensstufe erreicht hatten. Die Kraft und das Beharrungsvermögen des ursprünglichen Glaubens waren so stark, daß die später verbreiteten buddhistischen und hinduistischen Religionsgedanken sich den lokalen Gegebenheiten anzupassen hatten. Ein indischer Hinduist dürfte sich daher in den balinesischen Kulturen nur schwer zurechtfinden.

Die altbalinesische Epoche

Die Epoche der altbalinesischen Kultur leitet von der Vorgeschichte in die historische Zeit über.

Forscher nehmen an, daß die Bronzezeit im 2. nachchristlichen Jahrhundert zu Ende ging. In der Folgezeit hat sich die Landwirtschaft entscheidend entwickelt. Eine bäuerliche Kultur kennzeichnet die altbalinesische Epoche. Das Leben verläuft geregelt und ist auf den Naßreisfeldbau ausgerichtet. Reis war – und ist noch heute – das Hauptnahrungsmittel der Bevölkerung. Dessen Anbau setzt gegenseitige Rücksichtnahme und Zusammenarbeit in Genossenschaften voraus. Ähnlich wie in Mitteleuropa der Getreideanbau in der Art der Dreizelgenwirtschaft dörflich geregelt war, ist in Bali für die Anlage und den Unterhalt der Reisfelder, vor allem aber die Wasserverteilung, eine rechtlich-technische Administration aufgebaut worden. Aus dem altbalinesischen Gewohnheitsrecht sind neben Bestimmungen über die Erbteilung auch Verfügungen über Grund- und Wasserrechte bekannt. Da darin keine Sanskritwörter verwendet wurden, darf man annehmen, daß der Aufbau und die Regelung des Bewässerungssystems vor der hinduistisch beeinflußten Phase stattgefunden haben. Die Viehzucht war weitgehend auf die Bedürfnisse des Ackerbaus ausgerichtet. Rinder und Wasserbüffel wurden aufgezogen, um sie als Zugtiere für die Feldarbeiten einzusetzen. Schweine, Enten und Hühner dienten der Nahrungsmittelversorgung.

Das Handwerk stand auf hoher Stufe und umfaßte die Bearbeitung von Stein, Holz, Metallen und Stoffen. In den ältesten Erlassen ist das Behauen von Holz und die Herstellung von Balken und Brettern zur Errichtung von offenen Hallen mit pfeilergetragenen Dächern beschrieben. Obwohl die Balinesen im Gegensatz zu anderen indonesischen Völkern keine großen Seefahrer sind und sich ihre Schiffahrt vornehmlich auf die Küstengewässer beschränkt, verstanden sie bereits in der altbalinesischen Zeit Einbaumboote mit Auslegern zu bauen. Eine bevorzugte Stellung im Dorfverband genossen die Schmiede, die eiserne Ackerbaugeräte und Waffen für die Jagd und den Krieg herstellten. Alte Schwerter und Holzlanzen mit Eisenspitzen sind noch heute in Familienbesitz oder werden als Tempelschatz sorgfältig gehütet. Sie spielen bei traditionellen Kampfspielen und religiösen Zeremonien eine bedeutende Rolle. In Sanur führen Männer in weißer Kleidung mit geschmückten Lanzen den Prozessionszug an. Beim Baris Tumbak, dem rituellen Tanz einer Männergruppe anläßlich der Geburtstagsfeier des Todestempels, führen die Lanzenträger einen symbolischen Kampf aus. Die Truppe wird vom Télék angeführt, der, im Gegensatz zu den anderen Bewaffneten, ein Krisschwert trägt. Anfänglich gleicht das Kampfspiel einer eleganten Ballettvorstellung. Nachdem aber die ersten „Krieger" in Trance gefallen sind, nimmt der Kampf rasch handgreifliche, gefährliche Formen an. Entscheidend ist in diesem Augenblick das Eingreifen besonnener Männer, welche die Rasenden entwaffnen und die kurz darauf erschöpft Zusammenbrechenden wegtragen. Der hoch in Ehren gehaltene Ritualtanz wird mit der Wanderung der königlichen Vorfahren aus dem Dorf Tangtu nach Sanur in Verbindung gebracht.

Neben Eisen bearbeiten andere Schmiedegilden Gold, Silber, Kupfer und Bronze.

Zu den Pflichten einer Frau zählte einst – wie auch heute noch – das Weben von Textilien. Eine eigenartige Abbindetechnik hat sich im altbalinesischen Dorf Tenganan bis auf den heutigen Tag erhalten. Die sogenannten Gringsing-Tücher werden im Doppelikat-Verfahren hergestellt und genießen als Tücher mit magischer Wirkung in ganz Bali einen guten Ruf. Obliegenheit der Frauen ist auch das Zubereiten von Opfergaben und das Flechten von Lamak (lange Läufer aus Palmblättern). Während seit der jüngeren hindubalinesischen Epoche Priester der Brahmanenkaste und Laienpriester die Art der Opfergaben bestimmen und deren Anordnung regeln, waren es früher Tempelpriester, Dorfälteste und Lokalherrscher, die das Ritual überwachten.

Mündlich überlieferte Volkssagen gehören zu den ältesten Kulturäußerungen. Musik, Tanz und Schauspiel sind teils altbalinesischen, teils indischen oder javanischen Ursprungs. Zu den einheimischen Musikinstrumenten zählen der Eisen-Selunding und das Anklung aus Bambus, während der Gamelan-Gong von Java beeinflußt ist.

Verschiedene Ritualtänze scheinen aus der altbalinesischen Zeit zu stammen. Dazu gehören der Rejang, ein einfacher Reihentanz von Frauen und Mädchen, und der Abuang, der von Jünglingen oder Männern ausgeführt wird. Beeindrukkend ist die Festtagskleidung der Tanzenden. Die Mädchen hüllen sich in Tenganan entweder in klassische Gringsingstoffe oder in teuren Damast. Reiner Goldschmuck in den Haaren und an den Ohrläppchen belegt den Reichtum der Dorfbewohner. Knaben und Männer tragen auf dem Rücken prachtvolle Krisschwerter, deren Knauf aus Gold oder Elfenbein besteht und oft kunstvoll bearbeitet und mit Halbedelsteinen eingelegt ist. Der Rejang-Tanz beschränkt sich auf einfache Bewegungen, bei denen die Mädchen beim seitlichen Hochheben der Arme ein Seidentuch entfalten. Beim Abuang muntern ältere Dorfbewohner Tenganans die scheuen Jünglinge zum Tanz mit einem Mädchen auf. Während knapp einer Minute bewegen sich die Partner in gebührlichem Abstand, wobei die ungelenken Bewegungen der Knaben augenfällig sind. Zu den seit der Frühzeit bekannten Tänzen ist der Trancetanz zu zählen, der von einem Männerchor begleitet wird, welcher mit seinem eigenartig erregenden Vokalgesang mithilft, die Medien dieser Welt zu entrücken und damit in Verbindung mit dem Überirdischen zu bringen. Eine moderne, in Südbali verbreitete Weiterentwicklung ist der Kécak, der Teile des indischen Ramayana-Epos als Handlung verwendet.

Es gilt als erwiesen, daß bereits in der vorhinduistischen Zeit eine unbestimmte Anzahl kleiner Fürstentümer bestand, die mehrere Dörfer umfaßten. Erst in der hindubalinesischen Phase wurden diese Lokalautoritäten einer zentraleren Gewalt unterstellt. Im größeren regionalen Verband der Fürstentümer finden sich drei Tempel vorhinduistischen Ursprungs. Es handelt sich um den Bergtempel und den Meertempel, zwischen denen der Tempel des Hauptortes liegt. Auch in den einzelnen Dörfern stehen manchmal Kultstätten, wo die Gottheiten des Meeres, des Wassers und der Berge verehrt werden. Fehlen solche Tempel, sind den Göttern Altäre in den Tempelanlagen errichtet worden. Der Pura Penataran Sasih – Aufbewahrungsort des Bronzegongs – ist der Tempel des vorhinduistischen Fürstensitzes in Péjéng, während der Pura Penataran Agung von Besakih ursprünglich ein Bergheiligtum war.

Ältere und mittlere hindubalinesische Epoche

Die ältere hindubalinesische Epoche wird durch das Erscheinen buddhistischer Mönche und hinduistischer Priester eingeleitet, welche die Balinesen mit den Erkenntnissen der indischen Hochreligionen vertraut machten. Im Zusammenhang mit dem sich ausweitenden Handel über die Meere kamen die südostasiatischen Länder seit dem 3. nachchristlichen Jahrhundert in Kontakt mit Kaufleuten und Seefahrern aus Indien. Nun ist aber die Missionierung kaum Zielsetzung von Händlern und Matrosen. Vielmehr muß angenommen werden, daß Kaufleute aus Vorderindien und chinesische Pilger auf dem Weg ins Mutterland des Buddhismus die Lokalherrscher von der Gelehrtheit und dem magischen Einfluß indischer Priester und Mönche zu überzeugen vermochten, und daß die balinesischen Fürsten diese als Ratgeber an ihren Hof beriefen. Spätere Urkunden belegen den Gebrauch indischer Fachwörter auf dem Gebiet der Theologie, des Kalenders und der zentralen Verwaltung. Im Handel, in der Landwirtschaft, im Aufbau der Dorforganisation und im einheimischen Tempeldienst hingegen fehlen Sanskrit-Ausdrücke fast vollständig. Buddhistische Mönche mögen seit dem 7. Jahrhundert als Einsiedler im Bergland von Bali gelebt und gewirkt haben. Aus den Felsen gehauene Nischen sind mancherorts als Klausen buddhistischer und hinduistischer Eremiten zu deuten. Auch Felsklöster wurden gebaut.

Durch den Einfluß von Brahmanenpriestern und buddhistischen Mönchen konnten die Lokalherrscher ihre Stellung entscheidend stärken. Während sich in Europa Könige durch Vertreter der

Kirche einsegnen ließen, waren die Priester in Indonesien für die Einsetzung des Gottkönigtums verantwortlich. Um ihr Ansehen zu mehren, ließen nämlich die Fürsten für ihre Familien mythologische Stammbäume erstellen und gaben sich so als Wiedergeburt indischer Gottheiten aus.
Priester und Mönche waren nicht nur für religiöse Belange bestimmend. Sie bauten nach indischem Vorbild in den Fürstentümern eine zentrale Verwaltung auf, schafften klare Verhältnisse im Rechtswesen und verfeinerten das Steuersystem. Das bereits bestehende, dörflich geregelte Bewässerungssystem wurde in einen größeren regionalen Rahmen gestellt und entscheidend verbessert. In Fürstendiensten stehende Balinesen lernten beim Bau von Tempeln und Palästen neue Baumethoden und -stile kennen und wurden mit der Bildhauerei und der Malkunst vertraut. Als weitere Bereicherung der Kultur müssen auch die Bauten von Klöstern und Klausen erwähnt werden. Zu diesen frühen religiösen Zentren zählt man zum Beispiel die von vielen Touristen besuchte Kultstätte von Goa Gajah bei Bedulu. Klosterregeln verlangten, daß Durchreisende verpflegt und beherbergt werden müßten. Viele Balinesen profitierten von der Errichtung wohltätiger Stiftungen und standen aus diesem Grund der Hinduisierung wohlwollend gegenüber.
Betrafen die neuen kulturellen Äußerungen vorerst vor allem den Adel, so breiteten sie sich mit der Zeit auch im Volk aus. Altbalinesische Heiligtümer wurden ähnlich wie Tempel der Fürsten umgebaut und Gebäude, Mauern und Tore in der Art der Residenzen errichtet. Ein gutes Beispiel dafür ist die Bauweise vieler Tempeltore. So gleichen die Candi Bentar (getrennte Tore, die meistens in das innerste Geviert der Tempelanlage führen) einem Kultbau, der in seiner Symmetrieachse ungefähr einen Meter auseinandergerückt worden ist. Durch das Erstellen von Leichenbahren und Särgen wurden die Einheimischen mit den Kremationsriten des Adels vertraut.
Die begabten Balinesen lernten ebenfalls neue Musikinstrumente und Schauspiele kennen. Alteinheimische Musik und Theater erhielten eine spürbare indische Beeinflussung. Anfänglich ausschließlich auf den Hof beschränkt waren die Gamelan-Orchester und die Maskenspiele, in denen die Taten balinesischer oder vermeintlich indischer Vorfahren verherrlicht werden. Es gilt als erwiesen, daß bereits zur Zeit der balinesischen Herrscher Kultureinflüsse aus Ostjava wirksam waren. Besonders eng waren die Beziehungen seit der Regierungszeit des javanischen Königs Erlangga (1019–1042), dem Sohn eines balinesischen Herrschers und einer javanischen Adeligen.
Da Inschriften auf den frühen Statuen und Felsgräbern meistens fehlen, fällt es Kunsthistorikern schwer, herauszufinden, wann und zu wessen Ehren die Denkmäler errichtet wurden. Zu den bedeutenden Denkmälern der hindubalinesischen Epoche zählen die sogenannten Königsgräber beim Gunung Kawi. An den Steilhängen eines Flußufers befinden sich in 7 Meter hohen Nischen fünf Gräber und ein in den Fels gehauenes Kloster; vier weitere Grabstätten liegen auf dem westlichen Ufer. Die Gräber waren dazu bestimmt, die Asche verstorbener Angehöriger der Herrscherfamilie aufzunehmen. Vermutlich birgt das größte Felsengrab die Asche des Königs Anak Wungsu, dessen Regierungszeit in die Jahre 1049 bis 1077 fällt. Den Balinesen sind ihre frühen Könige kaum bekannt, gilt doch für viele erst die Zeit nach der Eroberung durch die Heere des Majapahit-Reiches als geschichtlich erinnerungswürdig.

Spätere hindubalinesische Epoche (Zeitspanne der hindujavanisch-balinesischen Kultur)

Die javanisch-balinesische Epoche beginnt mit der Eroberung Balis durch die Heere des Generals Gajah Mada und der Einverleibung der Insel in das javanische Majapahit-Reich. Dieses

Königreich erreichte seinen Höhepunkt in der zweiten Hälfte des 14. Jahrhunderts, vor allem dank der Mitarbeit des erwähnten Ministers und Generals Gajah Mada. Nicht nur Bali, sondern auch Java, Sumatra und Küstengebiete Borneos waren diesem Großreich untertan, dessen Einflußbereich sich bis zu den Marianen und nach Taiwan erstreckte. Da die Majapahit-Könige die bedeutendsten Häfen des Inselreiches beherrschten, war es ihnen möglich, die Kontrolle über den Gewürzhandel auszuüben, der zu diesem Zeitpunkt fast ausschließlich ein Monopol Indonesiens war.

In einer javanischen Chronik wird festgehalten, daß Bali 1343 durch javanische Truppen erobert und zerstört worden sei. Nach dem erfolgreichen Feldzug Gajah Madas soll ein javanischer Brahmane zusammen mit anderen Adeligen aus Ostjava über weite Teile der Insel geherrscht haben. Obwohl Bali nur wenig mehr als fünfzig Jahre als Untertanengebiet von Majapahit regiert wurde, erhielten sich dessen Einflüsse über Jahrhunderte hinweg. Das durch innere Streitigkeiten geschwächte Königreich Majapahit brach 1515 endgültig zusammen und wurde von muslimischen Regenten erobert. Bali wurde zur Zufluchtstätte derjenigen, die sich der Islamisierung in Ostjava entzogen: Künstler und Handwerker, Gelehrte und Schüler, Priester und Dichter, Musiker, Tänzer ließen sich in Bali nieder und stärkten dort den Hinduglauben, welcher bis heute allen Bekehrungsversuchen widerstanden hat.

Am Königshof von Gélgél wurde die altjavanische Literatur vorerst von den sich hier niederlassenden Flüchtlingen, bald aber auch von balinesischen Schülern studiert. Während auf Java diese Schriftstücke großenteils verlorengegangen sind, werden auf Bali die Palmblattbücher (Lontarbücher) immer und immer wieder kopiert und sind so der Nachwelt erhalten geblieben. Die Aufpfropfung der javanischen Hochkultur auf die balinesische Grundlage führte zur Schaffung einer der eigenartigsten Kulturen. Kunst und Philosophie Hindujavas sind in der Kultur Balis aufgegangen und blühen stark balinesisch beeinflußt weiter.

Alles, was auf Bali hoch in Ehren gehalten wird, was schön und gut ist, wird in Beziehung zum Majapahit-Reich gebracht. Die Balinesen suchen den Ursprung ihrer Kultur außerhalb ihrer Insel. Jedermann, der etwas auf sich hält, leitet seine Abstammung von Javanen ab. So führen zum Beispiel die Nachkommen der acht balinesischen Könige ihre Herkunft auf Ostjava, vor allem auf Kediri, zurück, keinesfalls aber auf die frühbalinesischen Fürsten. Viele Tempel weisen einen Altar auf, der dem Gott von Majapahit gewidmet ist. Er ist daran zu erkennen, daß er einen geschnitzten Rehkopf aufweist.

Zahlreiche Legenden und Berichte aus Chroniken belegen, daß im Gedankengut der Balinesen die Zeit vor Majapahit als dämonisches Mittelalter gilt und daß das Heil – und die Neuzeit – erst mit der Ankunft von Gajah Mada beginnt. So wird der letzte König von Péjéng, der legendäre Dalem Béda Ulu als halbdämonischer Herrscher mit dem Kopf eines Schweines und der Kraft eines Magiers geschildert. „Béda ulu“ bedeutet „verschiedener Kopf“. Gemäß einer Fassung der Legende sollen die übernatürlichen Kräfte des balinesischen Lokalherrschers so groß gewesen sein, daß – in Meditation versunken – sein Haupt in den Himmel aufsteigen konnte. Eines Tages wurde ein Minister über die lange „Kopflosigkeit“ des Königs beunruhigt. In seiner Angst schlug er einem vorbeitrottenden Eber den Kopf ab und setzte diesen nahtlos den Schultern des Herrschers auf. Der über sein unvorteilhaftes Aussehen entsetzte König zog sich von nun an zurück und verbot allen Untergebenen bei Todesstrafe, sein Haupt zu betrachten. Gajah Mada, der um die sonderbare Gestalt von Béda Ulu wußte, wollte sich vom Aussehen des balinesischen Herrschers ein Bild machen. Bei einem Zusammentreffen mit dem Dalem wünschte sich der schlaue Gajah Mada Speise und Trank, die nur mit nach hinten gebeugtem Haupt genossen werden können: trockener Reis, ein farnähnliches Gemüse und als Getränk Wasser aus einem Krug mit langem Schnabel. (In Bali verwendet man kein Besteck, sondern bedient sich beim Essen der rechten Hand). So konnte der Javane

während des gemeinsamen Mahls den Schweinekopf seines balinesischen Gegenübers leicht erkennen. Voller Entrüstung und Wut über die List seines Widersachers ging darauf der balinesische König in Flammen auf. Jedem Balinesen ist der dämonische Herrscher mit dem Eberkopf bekannt, wird er doch in vielen Maskenspielen dem strahlenden Gajah Mada gegenübergestellt.
Die Periode der späten hindubalinesischen Kultur wirkte auch nach dem Ende der Majapahit-Kolonisation fort. Bali war während vier Jahrhunderten weitgehend sich selber überlassen. Da die Holländisch-Ostindische Handelskompanie fast keine Kontakte mit Bali unterhielt, wurde die Inselkultur kaum beeinflußt. Die Periode der ruhigen Entwicklung kam in Nordbali 1849 zum Abschluß, als dieser Inselteil die Oberhoheit der holländischen Kolonialmacht anerkennen mußte. Anfangs des 20. Jahrhunderts erst mußten sich auch die südbalinesischen Fürsten unterwerfen. Nach der Unabhängigkeitserklärung wurde Bali 1950 der Republik Indonesien einverleibt und ist heute eine der 27 Provinzen des streng zentralistisch regierten Staates.
Die harmonische Entwicklung Balis wurde im Verlauf des 20. Jahrhunderts mehrfach empfindlich gestört. Noch immer erinnern sich die Balinesen an den blutigen Opfergang der Bewohner Badungs, der seine Ursache in einem an und für sich geringfügigen Anlaß hatte: 1904 strandete ein kleines chinesisches Frachtschiff am Riff von Sanur. Wohl rettete die hilfsbereite Bevölkerung die Schiffbrüchigen aus der Seenot, doch alter Überlieferung gemäß beanspruchte sie das Strandgut. Der Forderung des Schiffseigners auf eine Entschädigung wurde nicht entsprochen, so daß sich die holländische Kolonialregierung veranlaßt sah, durch Entsendung eines Kriegsschiffes die „Räuber" zur Tilgung der Schuld zu zwingen. Nachdem balinesische Krieger die holländischen Truppen angegriffen hatten, marschierte das Expeditionsheer auf Dénpasar zu und schoß den königlichen Palast in Brand. In seiner verzweifelten Lage entschloß sich der Herrscher von Badung zum Opfergang bis zum bitteren Ende: Zweitausend königstreue Balinesen – darunter zahlreiche Frauen – griffen zu ihren heiligen Krisen und Speeren. Angetan mit allem Prunk ihres Hofstaats schritten sie im Feuer der Schiffskanonen in den Tod.
1965 ermordeten Kommunisten und revolutionäre Offiziere in der indonesischen Hauptstadt die führenden Armeegeneräle. Der Putsch schlug fehl. Auch in Bali breiteten sich blutige Wirren aus. Bei der haßerfüllten Auseinandersetzung zwischen antireligiös eingestellten Revolutionären und Traditionalisten wurden Zehntausende niedergemetzelt. Göttliches **und** Dämonisches bestimmen das Geschehen in der Geschichte Balis!
Im südlichen Zentralbali ist der hindujavanische Einfluß am stärksten spürbar. Dies rührt daher, daß dieser Inselabschnitt in einem straffen Feudalsystem verwaltet wurde. Seit dem 17. Jahrhundert hatte der oberste Herrscher Balis seinen Hof in Klungkung. Die Nordküste, gewisse Teile des Distrikts Karangasem und abgelegene Gebirgsgegenden unterlagen den Einflüssen der ursprünglich javanischen Feudalherren weniger stark. Die Dörfer verwalteten sich nach altbalinesischer Tradition weiterhin selbständig und bildeten eigentliche „Dorfrepubliken". Bewohner solcher Dörfer werden oft als „Bali Aga" (ursprüngliche Balinesen) bezeichnet. Dieser Ausdruck ist insofern irreführend, als auch in diesen Gebieten Hindu-Einwirkungen spürbar sind, freilich hauptsächlich aus der Zeit der hindubalinesischen Phase. Sinngemäß sollten die Bali Aga deshalb als Bewohner nichtjavanisierter Dörfer bezeichnet werden.

Kastenwesen und Sozialordnung

Das hinduistische Kastensystem hat erst nach der Eroberung Balis durch Gajah Mada auf der Insel Fuß gefaßt. Bali wurde im 14. Jahrhundert in abgabepflichtige Untertanengebiete aufgeteilt, die der Kontrolle von Feudalherren unterstanden. Dokumente belegen, daß zuvor das Dorf die bestimmende politische Einheit war. Die Einheimischen hielten sich an ihr eigenes Klassensystem, das verschiedene soziale Rangstufen kannte. Zu den Familien, die sich von der übrigen Dorfbevölkerung abhoben, zählte die lokale balinesische Aristokratie, die Regierung und Priestertum in einem verband. Die hindujavanische Durchdringung erfaßte die abgelegenen Gebiete nicht. In den Dorfgemeinschaften von Bali Aga sind daher die aus Indien übernommenen Kasten nicht vertreten. Noch heute leben diese konservativen Balinesen in einer gewissen Opposition zu den Nachkommen der javanischen Eindringlinge. Familienangehörige der örtlichen Oberschicht haben hier Titel und Autorität beibehalten. An der Spitze der langen Liste altbalinesischer Rangstufen standen die Pasek und Bendésa, die Leiter für Belange der Dorfgemeinschaft. Pasek waren die Vorsteher des Herkunftstempels und, was den Boden anbetrifft, für die Innehaltung der Dorfordnung verantwortlich. Die Bendésa bestimmten die Opfergaben für Zeremonien im Dorfverband und waren – damit verbunden – Vorsteher des Tempels für die Dorfgemeinschaft. Bestimmte Handwerker-Gilden erfreuten sich gewisser Vorrechte. Den Schmieden gelang es, diese auch in der neuen Gesellschaftsordnung durchzusetzen. An der Spitze ihrer Zunft steht der Schmiedemeister, der seinen Berufsstand im Dorfverband vertritt. Mit der Ausbreitung der königlichen Autorität und mit dem gesteigerten Ansehen der Priester, die als Rechtsgelehrte an den Gerichten wirkten, wurde die Vorzugsstellung der Handwerker und anderer Dorfautoritäten abgeschwächt, doch sind die ursprünglichen Bezeichnungen für geachtete Positionen in der alten Gesellschaftsordnung bis heute in den Namen gewisser Großfamilien erhalten geblieben.

Der hindubalinesische Adel gehört der Triwangsa, den drei oberen Kasten, an. Die erste Kaste umfaßt die Brahmanen, aus deren Familien die Priester und früher zeitweise auch die Herrscher stammten. Ksatrya gehören der zweiten Kaste an, die sich aus den Herrschern und deren Statthaltern zusammensetzt. Die Wésya sind Angehörige der dritten Kaste. Es handelt sich um Leute, die im Dienst des Herrschers standen, ohne aber mit der Königsfamilie verwandt zu sein. Die restliche Bevökerung, die Einheimischen, werden in der Gruppe der Sudra zusammengefaßt. Damit waren seit 1350 die vier Kasten definiert. Die ursprünglichen Sozialklassen Alt-Balis sind heute Unterabteilungen der vierten Kaste. Die Rangabstufungen sind durch zahlreiche Mischehen so unübersichtlich geworden, daß sie selbst für Balinesen verwirrend sind. Rund 93 Prozent aller Balinesen sind Sudra („Außenstehende") und nur 7 Prozent gehören dem Adel an. Stolz bezeichnen sich die Höherkastigen als Nachkommen der Eroberer. Daß die Anzahl der Angehörigen der drei Kasten wächst, ist nicht allein auf Mischheiraten, sondern auch darauf zurückzuführen, daß bestimmte balinesische Familien durch die Gunst der Herrscher in den Adelsstand erhoben wurden. Geltungssüch-

---

Abb. Seite 17 – Balinesische Kinder werden von den Eltern angehalten, sich um ihre jüngeren Geschwister zu kümmern.

Abb. Seite 18/19 – Tanah Lot (Tabanan): ein Glied aus der Kette von Tempeln, in denen vor allem Gottheiten und Geistern des Meeres gedacht wird

Abb. Seite 20/21 – Tagelöhner beim Verpflanzen der Reissämlinge

Abb. Seite 22/23 – Reisterrassen bei Tandur (Karangasem): mit Wasser aus der Quellregion des Gunung Agung gespeist

Abb. Seite 24/25 – Bratan-See mit Tempel, welcher der Göttin der Gewässer geweiht ist

tige Inselbewohner versuchen zudem, sich eine höhere Stellung zu erkaufen, um so von der Gruppe der „Außenstehenden" in die Kaste der Wésya aufzusteigen.
Angehörige der Triwangsa führen ihre Abstammung auf Gott zurück. In einer Lontarquelle wird erwähnt, daß die Brahmanen dem Mund, die Ksatrya den Armen und die Wésya den Füßen Brahmas entstammen. Dies ist einer der Gründe, warum Sudra die Höherkastigen achten und ihnen mit Ehrfurcht begegnen. Da die Balinesen seit jeher ihre Ahnen verehrten, fiel es den Eroberern nicht schwer, ihre Könige und Prinzen als Götter auszugeben. In manchen Chroniken wird die göttliche Abstammung bedeutender Herrscher und Religionslehrer bezeugt.
Die Brahmanen der schiwaistischen Glaubensrichtung führen ihre Abstammung auf den legendären Priester Sakti Wau Rauh zurück, der aus dem Königreich Majapahit stammend durch ganz Bali zog und mit Frauen aller Schichten zahlreiche Kinder zeugte. Sakti Wau Rauh verhalf nicht nur dem Hinduglauben zum endgültigen Durchbruch, sondern war im 16. Jahrhundert auch am Hof des obersten Herrschers als Berater und Schreiber tätig. Die Kinder dieses Priesters gelten als Stammhalter der heutigen Brahmanenfamilien. Die Gliederung der Brahmanenkaste in bestimmte Rangstufen ist auf die unterschiedliche Kastenzugehörigkeit der zahlreichen Gattinnen Sakti Wau Rauhs zurückzuführen.
Brahmanen der buddhistischen Richtung leiten ihre Herkunft von Astapaka, einem Neffen von Sakti Wau Rauh, ab. Ein weiterer Unterschied wird zwischen Priestern der Brahmanenkaste und nichtgeistlichen Brahmanen gemacht.
Brahmanen stehen in der Rangstufe über der Herrscherkaste. Historische Quellen und Legenden berichten von Zwischenfällen, die aus dem Streit um die Kastenoberhoheit erwuchsen. Wie im mittelalterlichen Europa wirkten die Glaubensvorsteher oft als Königsmacher, beseitigten ihnen nicht genehme Herrscher oder sprachen den Bann gegen Könige und Prinzen aus. Heute ist der Wirkungsbereich der Priester auf religiöse Belange beschränkt. Gewisse Vorrechte weisen auf ihre besondere Rechtsstellung hin. So durften Priester nicht zum Tod verurteilt werden, und sie schuldeten dem Herrscher keine Steuern. Als Gegenleistung hatten sie für das Wohl des Landes zu beten. Angehörige der Brahmanenkaste können an ihren Titeln Ida Bagus (für Männer) und Ida Ayu (für Frauen) erkannt werden.
Viele Angehörige der Herrscherkaste führen ihre Herkunft auf Sri Krisna Kapakisan zurück, der zur Zeit Gajah Madas als König in der Hauptstadt Gélgél regierte. Die Ksatrya-Kaste ist unterteilt in die Nachkommen der Herrscher und die Nachfahren der Minister. Ihre Titel sind Cokorda, Anak Agung, I Déwa.
Die Wésya machen die Mehrheit der balinesischen Adeligen aus. Die ursprünglich als Mitarbeiter der Herrscher tätigen Angehörigen der dritten Kaste leiten ihre Abstammung von hohen Offizieren aus Java oder – die Geachteteren unter ihnen – von einem Vorgänger Gajah Madas, Arya Damar, ab. Andere Gusti, wie die Wésya auf Bali genannt werden, konnten durch besondere Gunst der Herrscher aus der Kaste der Sudra in den Adelsstand erhoben werden.
Sudra gelten auf Bali nicht als Kastenlose, sondern sind Angehörige der vierten Kaste. Sie können als „ursprüngliche Balinesen" bezeichnet werden. Die Aristokratie unterteilt die Bevölkerung in Balinesen, die in Palästen leben, und in „Außenstehende". Sämtliche Sudra fallen in die Gruppe der letzteren. Bestimmte Berufe galten früher als unrein. Dazu zählen die Färber und die Metzger. Konservative Brahmanen und Ksatrya lehnen noch heute Heiraten mit Angehörigen dieser Berufsstände ab. Zu den Sudra, die sich innerhalb der vierten Kaste eine gehobenere Position erwerben konnten, gehören Adatüberwacher, Tempelverantwortliche, Sengguhu, Verwaltungsangestellte und Schmiede. Im folgenden sei kurz auf die Stellung der Sengguhu und der Schmiede eingegangen.
Es darf angenommen werden, daß in der Frühzeit der Ausbreitung des Hinduismus auf Bali auch „Außenstehende" für die Missionierung und die Leitung gewisser Kulte beigezogen wurden. Um ihre geachtete Stellung in der neuen Sozialord-

nung zu betonen, bringen die Sengguhu ihren Stand mit dem Priester Sakti Wau Rauh in Beziehung. In einer Legende wird erwähnt, daß der kluge Sklavenjunge Guto dem Priester als Helfer bei seiner Missionsarbeit beistand. Im Verlauf der Jahre erlernte Guto die heiligen Texte, Gesänge und Gebete. Er beherrschte das Priesterritual mit der Zeit beinahe ebensogut wie sein verehrter Lehrmeister. Eines Tages warteten die Bewohner des Dorfes Kapal auf den berühmten Priester. Doch dieser hatte sich verspätet. Die Gläubigen, die Sakti Wau Rauh nur dem Namen nach kannten, hielten dessen Diener für den wahren Brahmanen und baten ihn, die Andacht zu leiten. Der Sklavenjunge erbarmte sich der Wartenden und zelebrierte das schwierige Ritual ohne Fehl und Tadel. Als der Priester schließlich eintraf, war er über die korrekt geleitete Kulthandlung erstaunt. Von nun an gewährte der Priester seinem gelehrigen Schüler das Vorrecht, gewisse Zeremonien leiten zu dürfen; das Hauptritual und der Gebrauch der Priesterglocke freilich blieben weiterhin den Priestern vorbehalten.
Schmiede erfreuten sich in Indonesien seit jeher einer besonderen Stellung. Metalle stellt man sich magisch geladen vor. Berufsleute, die täglich in Kontakt mit Metallen stehen, sind deshalb Gefahren ausgesetzt. Arbeitsverfahren wie auch Handwerksbräuche werden geheimgehalten und innerhalb der Familie von Generation zu Generation streng vertraulich weitergegeben.
Auch nach der Ankunft der neuen Herrscher erfreuten sich die Schmiede als Hersteller von Waffen einer geachteten Stellung am Hof, vermögen sie doch den Krisen und Speeren magische Kräfte zuzusprechen. Die Schmiede weigern sich, als Angehörige der vierten Kaste betrachtet zu werden. Sie haben ihre eigenen Priester, die dem Gott des Feuers huldigen, stellen Weihwasser her und kennen eigene Totenrituale. Um ihre Vorzugsstellung nach der Machtübernahme durch die Majapahit-Elite zu behaupten, paßten die Schmiede ihre religiösen und gesellschaftlichen Grundsätze hinduistischen Gedankengängen an. In Stammbäumen und Urkunden belegen auch sie ihre göttliche Herkunft. Indem die Schmiede ihre Herkunft auf Brahma und die Verleihung von Sonderrechten auf dessen Mittler und Lehrmeister der Schmiede, Mpu Sunti, zurückführen, konnten sie sich den Anforderungen der Zeit zwischen 1400 und 1900 anpassen und ihre gehobene Stellung mehr oder weniger behaupten, freilich nicht ohne manchmal in Konflikt mit den sich beleidigt fühlenden Brahmanen zu geraten.
Über fünf Jahrhunderte der Feudalherrschaft haben die Balinesen so kastenbewußt gemacht, daß die Bestimmung der Stellung eines Menschen aufgrund seiner Geburt auch heute noch die Gesellschaftsordnung beeinflußt. Angehörige des Adels legen Wert darauf, daß die Untergebenen die ihnen zukommende Rangstufe beachten. Im Gegensatz zu Indien beschränken sich aber die Kastenvorschriften meistens nur auf die Einhaltung festgelegter Anstandsregeln. Die Beziehungen zwischen den Kasten sind vielerorts unbeschwert und natürlich. Offenheit und Freundlichkeit herrschen im täglichen Kontakt mit Mitmenschen vor. Mangel an guten Manieren ist denn auch einer der schlimmsten Vorwürfe, die man einem Balinesen gegenüber äußern kann.
Ein Niedrigkastiger hat darauf zu achten, daß er im Verkehr mit Höherkastigen immer tiefer steht. Grüßt man einen Angehörigen des Adels, hat man seinen Kopf zu senken. Damit wird die höhere Stellung des Gegenübers anerkannt. Pavillons in den Palästen weisen unterschiedlich hohe Plattformen auf, die es den verschiedenen Kastenangehörigen erlauben, auf den ihnen zukommenden Stufen zu gehen oder zu sitzen. Bei gemeinsamen Mahlzeiten gelten Regeln, die sich kaum von den unseren unterscheiden. So beginnt der ranghöchste Gast mit dem Essen, und keiner darf die Tafelrunde verlassen, bevor der Höherstehende seine Mahlzeit beendet hat.
Hand in Hand mit der Übernahme des Kastensystems geht auch die Einführung besonderer Spra-

---

Abb. Seite 28/29 – Kuningan-Feier in Sempidi (Badung): Frauen tragen am balinesischen Dank- und Bettag Opfergaben in den Dorftempel.

chen, die im Umgang mit Höherkastigen beachtet werden müssen. In Bali werden drei Sprachen gesprochen:

- Alus, die Sprache im Umgang mit Angehörigen der Triwangsa:
- Madya, die „mittlere Sprache" oder „Höflichkeitssprache", und
- Kasar, die Alltagssprache der Sudra.

Treffen sich zwei Balinesen, die sich nicht kennen, sprechen sie vorerst in der „mittleren Sprache", ist doch Madya die Kompromißsprache zwischen der Sprache der Sudra und derjenigen des Adels. In Ostbali nimmt man das Gespräch in Alus auf. Sobald die Kastenzugehörigkeit feststeht, erinnern sich die Sprechenden der Grundregel, daß ein Sudra zum Zeichen der Ehrerbietung in Alus weiterfahren muß, während der Adelige seine Worte in der rauhen Kasar-Sprache an den Viertkastigen richtet. Die beiden Sprachen sind nicht zwei Dialekte, sondern eigenständige Idiome. Kasar ist die Alltagssprache der Sudra. Sie gehört der Gruppe der malayopolynesischen Sprachen an. Alus hingegen ist verwandt mit dem Javanischen und hat seinen Ursprung in der javanischen Hofsprache. Im Gegensatz zur balinesischen Alltagssprache ist Alus nuanciert und kennt viele Schattierungen und zahlreiche poetische Umschreibungen. Nicht alle Bauern sprechen die Hochsprache korrekt; manchen sind nur gewisse Höflichkeitsformeln geläufig. Eine Anstandsregel gebietet, daß eine Person, die über sich selbst spricht, sich nicht der Hochkastensprache bedient. Der Gebrauch der falschen Kastensprache wird als ernste Beleidigung aufgefaßt. Wohlerzogene Balinesen sprechen alte Leute in Alus an. Innerhalb des Adels drückt man sich in der niederen Kastensprache oder in Madya aus, außer man richtet sein Wort an seine Eltern, an ältere Brüder oder an Angehörige des Priesterstandes. Die in Alus angesprochene Person antwortet in der Kasar-Sprache.
Während in Dénpasar in erster Linie Kasar und Madya gesprochen wird, verwenden die konservativen Ostbalinesen hauptsächlich Madya und Alus. Unterrichtssprache in den Schulen von Dénpasar ist Kasar, in Ostbali aber Madya. Eine vierte Sprache, Kawi, wird für rituelle Anlässe gebraucht. Es ist die Sprache der klassischen Poesie, ein Altjavanisch, das zahlreiche Sanskrit-Lehnwörter enthält. Priester, Lontarleser, Puppenspieler und andere gebildete Balinesen beherrschen Kawi, manchmal auch Sanskrit. Das Sprachenproblem kompliziert sich dadurch, daß in allen Schulen des Landes Bahasa Indonesia, die neu geschaffene Staatssprache Indonesiens, gelehrt wird. Ein gebildeter Balinese kennt daher folgende Sprachen: Alus, Madya, Kasar, Altbalinesisch, Kawi und Indonesisch. Als moderne Fremdsprache lernen die Schüler in erster Linie Englisch, manchmal auch Französisch, Deutsch oder Japanisch. Geschulte Angehörige der Muslim-Minderheit lesen den Koran in der Muttersprache des Propheten.
Interessant ist die Stellungnahme eines Religionsvorstehers zum Kastenwesen. Für ihn sind die Kasten Ausdruck der Sozialgliederung vergangener Zeiten. Er betont, daß die Balinesen nie strikte dem indischen Vorbild gefolgt seien. Da sich die sozialen Verhältnisse geändert hätten und keine Könige mehr über Bali regierten, seien andere Werte als diejenigen der Geburt für die Einstufung der Inselbewohner maßgebend geworden. Daß „man sich näherrückt", kann vor allem in der Hauptstadt bemerkt werden. Der Abbau der Kastenvorurteile erfolgt hier leichter als im konservativen Ostbali. Da in Bali keine „Französische Revolution" die Privilegien des Adels abgeschafft hat, fassen die elementaren Rechte der Demokratie nur langsam Fuß; doch ist der Weg zu anderen Wertungsprinzipien als derjenigen der Geburt frei.
Wenn sich auch der Großteil der Inselbevölkerung zum hindubalinesischen Glauben bekennt, bestehen doch auch Minderheiten anderer Bekenntnisse. So gibt es 108.000 Muslimen, die am Freitag eine der 144 Moscheen besuchen und ihre Kinder in Koranschulen unterrichten lassen. Viele Mohammedaner haben sich in Westbali niedergelassen. Es handelt sich um Auswanderer aus Ostjava. Im Distrikt Karangasem wohner zehntausend Sasak, Nachkommen von deportierten Kriegsgefangenen aus der Zeit der Feldzüge

der Könige von Ostbali in Lombok. In den Küstenebenen der schmalen Landzunge, welche die Bukit Pecatu-Halbinsel mit der Hauptinsel verbinden, leben – wie in Nordbali – zahlreiche Bugi, die ihre Heimatinsel Sulawési verlassen haben und hier seßhaft geworden sind.
70 Prozent der Mohammedaner wohnen auf dem Land. Da sie aus religiösen Erwägungen von den balinesischen Dorfgemeinschaften ausgeschlossen sind, leben sie innerhalb geschlossener Viertel, die ihre eigene Verwaltung haben. Wenn sich hier Hindubalinesen und Muslimen nicht zusammenfinden können, so erwies sich die Zusammenarbeit unter Reisbauern verschiedener Bekenntnisse in Fragen der Bewässerung als unumgänglich. Eine gegenseitige kulturelle Beeinflussung findet der weitgehend getrennt lebenden Religionsgruppierungen wegen kaum statt. Gewisse Ausnahmen finden sich in Ostbali, wo die Sasak-Minderheit – wohl aber auch die lange Herrschaft der Könige von Karangasem über die östliche Nachbarinsel Lombok – die Balinesen mit neuen Kulturformen vertraut machten. So muß z. B. der eigenartige Cekepung-Sitztanz Einflüssen der Sasak zugeschrieben werden.
Viele Muslimen verdienen ihren Lebensunterhalt als Fischer oder Salzmacher. Dies läßt sich damit erklären, daß bei ihrer Ankunft in Bali der größere Teil des nutzbaren Landes bereits belegt war, anderseits aber die Balinesen die Küsten aus religiösen Erwägungen mieden und bis heute keine gewandten Fischer oder begabten Seefahrer sind. In Nord- und Westbali sind manche Mohammedaner Bauern; andere betätigen sich als Krämer und Kaufleute oder sind Besitzer kleiner Gaststätten entlang den Straßen. Neuerdings dienen javanische Muslimen in der Armee und in der Polizei oder sind als Verwaltungsangestellte der indonesischen Regierung tätig.

Abb. Seite 32/33 – Entlang der Küste von Jembrana: Doppelkulturen mit Reis und Kokospalmen

Landschaft und Klima

Bali, die westlichste der Kleinen Sunda-Inseln, wird durch eine schmale, seichte Meeresstraße von der Nachbarinsel Java getrennt. Das kleine Eiland erstreckt sich von Westen nach Osten über eine Distanz von 150 km. Die größte Nord-Süd-Ausdehnung beträgt knapp über 80 km und liegt zwischen 8^0 und 9^0 südlicher Breite. 2.35 Millionen Menschen wohnten 1979 auf Bali, dessen Fläche mit 5490 km^2 nur wenig größer ist als der schweizerische Kanton Wallis.

Eine Kette von Vulkanen streicht von Sumatra über Java nach den Kleinen Sunda-Inseln. Die Gebirgsketten verlaufen in der Längsachse von Westen nach Osten und bilden so die Wasserscheide zwischen Nord- und Südbali. Auf der steilen Nordflanke haben sich die kurzen Flüsse tief eingeschnitten. Mit Ausnahme der Schwemmlandebene von Singaraja und Seririt finden sich hier kaum größere Verflachungen. Auf der Südseite hingegen dehnen sich weite, gestufte Ebenen aus, die von Tabanan bis Klungkung reichen.

Im Westen Balis, wo die Gebirge älter sind als im Ostteil der Insel, haben die länger wirkenden Vorgänge des Abtrages das Relief unruhiger gestaltet. Westbali hebt sich durch seine Unwirtlichkeit und der damit verbundenen geringen Bevölkerungsdichte von anderen Gegenden ab. Über weite Hügelgebiete dehnen sich trockene, laubwerfende Buschwälder aus, die Wildschweinen und Rotwild als Lebensraum dienen. Die Berge Westbalis haben vulkanischen Charakter, der sich unter anderem in Heißwasserquellen äußert.

Die westlichen Hügelgebiete gehen ostwärts in das zentrale Bergland über, dessen höchste Erhebung, der Gunung Batukau, eine Höhe von 2276 m erreicht. In der mit dichtem tropischen Regenwald überzogenen Vulkanlandschaft liegen drei prächtige Gebirgsseen. Eine Einsattelung trennt das zentrale Bergland vom östlichen Gebirgsabschnitt, wo sich der Gunung Agung („Großer Berg") als höchster Vulkan Balis auf 3142 m erhebt. Ganz im Osten fallen die Flanken des Gunung Seraya steil ins Meer ab.

Von landschaftlicher Schönheit ist die geologisch interessante Doppel-Caldera am Gunung Batur. Calderen sind kesselartige Vertiefungen an Vulkanen, die auf Einsturz weitgehend entleerter Magmenherde zurückgehen.

Die große Außencaldera ist ein Oval im Ausmaß von 10 km × 13.8 km. Sie zählt damit zu den größten Calderen der Welt. Innerhalb dieser Großform ist später eine neue, kreisförmige Vertiefung entstanden, deren Boden bis 300 m tiefer liegt als derjenige der Außencaldera. Durch die junge Absenkung wurden zwei Vulkane auf dem alten, höheren Calderaboden und der Randvulkan Abang zur Hälfte aufgeschnitten. Im tiefsten Senkungsbereich hat sich Quellwasser zum malerischen Batur-See gesammelt. Im Zentrum der Hohlform entstand ein junger Vulkan, dessen Flanken rauchende Sekundärkrater tragen.

Zahlreiche Ausbrüche belegen die Gefährlichkeit der Vulkane Batur und Abang. Zweimal innerhalb des 20. Jahrhunderts wurde das auf der Westseite des Batur-Sees gelegene Dorf unter Lavaströmen begraben, so daß die der Katastrophe Entronnenen gezwungen waren, ihr gefährdetes Wohngebiet an der Vulkanflanke aufzugeben und die Häuser auf dem sicheren, höheren Caldera-Boden zu erstellen.

Als höchste Erhebung wurde der Gunung Agung von den Holländern „Piek van Bali" bezeichnet. Im Gedankengut der Inselbewohner wohnt Gott über diesem Vulkan. An seiner Südflanke liegt der Muttertempel Balis, der Tempelkomplex von Besakih. Während 120 Jahren war der Gunung Agung inaktiv, so daß ihn viele Balinesen als erloschen wähnten. In der Regenzeit des Jahres 1963 jedoch ereigneten sich heftige Ausbrüche. 2000 Menschen fanden bei der Vulkankatastrophe den Tod. Hab und Gut vieler Leute wurde vernichtet, und das Land erlitt unermeßlichen Schaden. Zusammen mit Regenwasser und Schlamm bildete der Glutfluß eine heiße Überschwemmungsmasse. Die Folgen des Vulkanausbruches waren verschiedener Art: Lavaströme wälzten sich gegen die Küste und schufen auf ihrem Weg tiefe Brandschneisen. Sand und Asche wurden in die Höhe geschleudert und fielen, durch den Wind verfrachtet, noch auf die 220 km entfernt liegende ostjavanische Küstenstadt Surabaya. Die Bergwälder wurden durch heiße Gase und glühenden Staub fast vollständig verbrannt, und die im Fließbereich gelegenen Siedlungen wurden unter Lavaströmen begraben. Ausgeworfene Gesteinsblöcke, Sand und Asche schließen große Geländeabschnitte, vor allem in höheren Lagen, von der landwirtschaftlichen Nutzung aus. In den Gebieten des Naßreisanbaues wurden rund 100 km² Land für zwei Jahre der Bewässerung beraubt. Weitere 25 km² können auf Jahrzehnte hinaus nicht mehr bepflanzt werden. Die Zerstörung der Reisfelder ist vor allem darauf zurückzuführen, daß die Lavaströme die Wasserleitungen zu den Feldern unterbrachen, so daß gewisse Äcker der Bewässerung beraubt, andere aber von den unkontrolliert eindringenden Wassermassen verwüstet wurden. Brücken wurden zerstört und Distriktsstraßen unterbrochen.

Physisch-geographisch betrachtet kann Bali in fünf verschiedene Gebiete gegliedert werden:

1. Gebiet der Kalktuffe in Westbali

Die Trockenzonen in Westbali sind sowohl auf geringere Niederschläge als auch auf den anstehenden Kalk zurückzuführen. Da der Untergrund das Wasser nicht hält, sind die Entwicklungsmöglichkeiten in diesem rückständigen, menschenarmen Gebiet stark beschränkt.

2. Südliche Schwemmlandebene

Die Ablagerungen der südlichen Verflachungen bestehen hauptsächlich aus Flußsedimenten und vulkanischem Feinmaterial, das aus dem Gebiet des rezenten Vulkanismus stammt. Die südliche Schwemmlandebene stellt die bedeutendste Landwirtschaftszone Balis dar, die sich durch ihre Fruchtbarkeit und die günstigen topographischen Bedingungen für den Anbau besonders gut eignet. Dörfer und Kulturzentren sind auf diesen Inselabschnitt konzentriert, weshalb die südlichen Verflachungen auch die größte Bevölkerungsdichte aufweisen.

3. Die Kalktafel der Bukit Pecatu-Halbinsel

Die kleine, nach Süden vorspringende Halbinsel, von den Balinesen kurzerhand Bukit („Hügel") genannt, ist durch eine 6 km lange Landenge mit der Hauptinsel verbunden. Das Gesteinsmaterial des Bukit-Tafellandes besteht aus porösem Korallenkalk. Am Rande der senkrecht abfallenden Kalkplatte steht der Tempel von Uluwatu 80 m über den glasklaren Fluten des Indischen Ozeans. Von der Steilküste aus genießt der Besucher einen prächtigen Überblick über Südwestbali. Das Pflanzenkleid der Bukit-Halbinsel unterscheidet sich von demjenigen des übrigen Bali: Obwohl nämlich die Niederschlagsmenge in diesem Abschnitt hoch ist, steht den Pflanzen nur wenig Wasser zur Verfügung, da dieses in der verkarsteten Oberfläche versickert, sich in Höhlensystemen sammelt und unterirdisch dem Meer zufließt. Die Gegend zählt zu den trockensten von ganz Bali. Die wenigen Bewohner dieser kargen Landschaft müssen ihr Wasser aus tiefen Sammelbehältern schöpfen, die sie wannenartig aus dem Kalk herausgeschlagen haben. Infolge des Wassermangels stößt die wirtschaftliche Entwicklung der Halbinsel auf Schwierigkeiten. So ist es beispielsweise unmöglich, hier Reis anzubauen. Auf dem rotbraunen Boden gedeihen Kakteen, Wolfsmilchgewächse und Pandanusbäume. Die Pflanzenwelt erinnert an unwirtliche Trockensavannen und hebt sich scharf vom begünstigten Landwirtschaftsgebiet der benachbarten Schwemmlandebene ab. Die Bukit-Bauern weiden Rinder auf magerem Wiesland, gewinnen Kapok von den anspruchslosen Ceïba-Bäumen und sammeln Pandanusblätter zur Herstellung von Flechtwerk. An günstigeren Orten pflanzen Landwirte Mais, Maniok und Süßkartoffeln an.

Geschützt durch die Landenge und eine nach Norden vorstoßende Landzunge der Bukit-Halbinsel liegt der bedeutendste Hafen Balis, Benoa. Größeren Schiffen ist die Einfahrt in die Bucht

---

Abb. Seite 36/37 – Pflügen der durch Überflutung aufgeweichten Kleinfelder

von Benoa durch die nur schmale Bresche im vorgelagerten Korallenriff erschwert.
Dem Aufbau des Tafellandes entspricht auch der Bau der vorgelagerten Insel Penida, wohin die balinesischen Herrscher früher ihre Sträflinge verbannten.

4. Zone des rezenten Vulkanismus

Wenn auch die vulkanische Tätigkeit viel Leid über die Inselbevölkerung gebracht hat, verdanken die Balinesen anderseits die Fruchtbarkeit ihrer Felder dem feinkörnigen, mineralreichen Auswurfsmaterial. Vor allem an der flach ansteigenden Bergfußregion auf der Südseite der Insel tragen die Hänge mächtige Ablagerungen vulkanischer Asche, Sand und Staub, in welche der Abtrag durch das fließende Wasser tiefe Schluchten geschaffen hat.

5. Nördliche Schwemmlandebene

Entlang der Nordküste erstreckt sich vielerorts ein nur schmaler Schwemmlandsaum. Im Gegensatz zur südlichen Küstenebene empfängt der Norden geringere Niederschlagsmengen. Gepflegte Naßreisfelder lassen aber erkennen, daß es zahlreicher Quellen wegen auch hier nicht an Wasser mangelt.

Bali liegt innerhalb des tropischen Monsungebietes. Erfrischende Seebrisen am Tag und kühle Bergwinde während der Nacht mildern die hohen Temperaturen. So beläuft sich das mittlere Tagesmaximum an der Südküste „lediglich" auf ungefähr 30°, an der Nordküste gegen 33°. Wenn sich auch die Durchschnittstemperaturen über das Jahr hinweg kaum verändern, so sind doch bedeutende Schwankungen im tageszeitlichen Temperaturverlauf zu beobachten. Kurz vor Sonnenaufgang kann das Thermometer in Küstennähe auf 20° absinken, in der Gegend der Berg- und Paßdörfer sogar auf 10°. Ebenso spürbar sind Temperaturrückgänge bei Bewölkungszunahme, vor allem aber nach heftigen Gewitterregen.
Aufgrund der unterschiedlichen Befeuchtung während des Jahres können eine Trockenzeit und eine Feuchtzeit unterschieden werden. Die regenarme Jahreshälfte fällt in die Zeit zwischen Mai und Oktober. Erst auf den östlich von Bali gelegenen Inseln treten völlig niederschlagslose Trockenzeiten auf. Vor allem auf der Südseite des balinesischen Berglandes stauen sich die Luftmassen des Südostpassats an den Vulkanflanken und bewirken auch in der regenarmen Zeit einige Niederschläge. Diese sind für den intensiven Naßreisanbau der südlichen Tiefebene von großer Bedeutung.
In der Hauptstadt Dénpasar fallen jährlich durchschnittlich 215 cm Regen. In den Berggebieten steigt die jährliche Niederschlagsmenge auf über 300 cm an, während im trockeneren Norden und Westen oft weniger als 150 cm gemessen werden. Nirgends aber sinkt die jährliche Niederschlagsmenge unter 100 cm.
Der Jahresablauf läßt sich folgendermaßen gliedern: Vom Mai bis Ende September weht der Südostpassat. Er hat seinen Ursprung auf der trockenen zentralaustralischen Landmasse und fließt dem Äquator zu. Auf dem kurzen Weg über das warme Meer kann der Wind nur eine geringe Feuchtigkeitsmenge aufnehmen, so daß die Zeit des vorherrschenden Südostpassates für Bali mehr oder weniger trocken ist.
Im Oktober/November flaut der Südostpassat ab. In dieser Zwischenmonsunzeit lösen aufsteigende Luftmassen heftige Gewitterregen aus.
In den Monaten November bis März weht der javanische Westmonsun. Er verursacht bei gelegentlich heftigen Windböen bedeutende Niederschlagsmengen. An der buchtarmen Nordküste erzeugt er einen so hohen Wellengang, daß der ungeschützte Hafen von Buléléng zeitweise nicht angelaufen werden kann.
Die Übergangsphase vom javanischen Westmonsun zum Südostpassat kann als zweite Zwischenmonsunzeit bezeichnet werden. Sie dauert von April bis in den Monat Mai. Unregelmäßige, rasch aufflackernde und bald wieder zusammenbrechende Winde sowie heftige Gewitterregen sind für diese Jahreszeit charakteristisch.
Die Vorstellung, daß es während der Feuchtzeit immer regnerisch und trübe sei, ist nicht richtig,

denn nie ist der Himmel blauer, die Luft frischer und klarer als nach einem Platzregen. Oft fallen die stärksten Niederschläge während der Nacht oder gegen den frühen Morgen. Dann klart der Himmel auf. Gegen Mittag sind die Vulkankuppen meistens wieder unter einer Wolkenkappe versteckt. Niederschläge fallen auch untertags, doch meist auf kleine Inselabschnitte beschränkt. Vorerst schieben sich mächtige Gewittertürme in die Höhe. Dann beginnen schwarze Schichtwolken den Himmel zu überziehen. Bald schlagen die ersten großen Tropfen auf. Jedermann sucht Zuflucht unter einem schützenden Obdach. Zum Abschirmen des Regens brechen Bauern Bananenwedel ab und halten sie schützend über ihren Kopf. Rasch aufeinanderfolgende Blitze schlagen in Bäume, manchmal in elektrische Leitungen ein, begleitet von krachenden Donnerschlägen. Heftige Platzregen verwandeln die Wege in reißende Bäche. In der Stadt Dénpasar vermögen die Dolen und Kanalisationen die Wassermassen nicht mehr zu fassen. Anfänglich flüchten sich nur die Motorradfahrer unter ein Vordach, während die Autolenker vorerst weiterhin versuchen, die Fahrt durch die überschwemmten Straßen zu erzwingen. Bald aber erliegt der Verkehr vollkommen. Starke Windböen entwurzeln alte, alleinstehende Bäume, die umstürzen und die Durchfahrt versperren. Die Bäche führen Hochwasser und reißen beträchtliche Mengen an Holz, Sand und Steinen mit sich. Furten werden unpassierbar. Für einige Stunden ruhen der Verkehr und die Arbeit in den vom Regen betroffenen Gebieten. Frauen stellen große Tonkrüge und Blechkübel unter die Dachtraufe, um einen Vorrat an Trinkwasser anzulegen. So können sie sich am Abend den beschwerlichen Weg zum Bach ersparen. Bricht nach den heftigen Regengüssen die Sonne aus den Wolken hervor, dampft die warme Erde. Barfuß waten die Balinesen durch das knöcheltiefe Wasser, das sich auf dem festgestampften Lehmboden im Familienhof angesammelt hat.

Die relative Luftfeuchtigkeit erreicht in der Regenzeit gegen 100 Prozent und läßt den Menschen die Temperatur höher empfinden, als sie in Wirklichkeit ist. Um sich Abkühlung zu verschaffen, baden die Balinesen mehrmals am Tage. Stechmücken belästigen vor allem die Schlafenden. Glücklicherweise aber stehen den Inselbewohnern lebende Fliegenfänger bei. Die zahlreichen Geckos werden als Hausfreunde betrachtet. Ihrer glucksenden Lautäußerungen wegen nennt der Indonesier die fleißigen Insektenvertilger Cecak. Mit den Saugnäpfchen ihrer Füße halten sie sich an Decken und Wänden fest, während sie blitzschnell mit ihrer Zunge Stechmücken, Fliegen, Spinnen und andere Plagegeister des Menschen fangen. Besser gestellte Balinesen kaufen zudem Räucherschlangen, die sie in den Schlafräumen anzünden.

Abb. Seite 40/41 – Im Trockenfeldbau genutztes Land entlang der schwachbesiedelten Nordostküste

Wirtschaft

Landwirtschaft

Die Wirtschaft Balis ist weitgehend durch die Landwirtschaft bestimmt. Rund 70 Prozent aller Erwerbstätigen sind Bauern und Landarbeiter. Weitere 10 Prozent verdienen ihren Lebensunterhalt mit dem Handel landwirtschaftlicher Erzeugnisse. Die restlichen 20 Prozent betätigen sich als Unternehmer, Angestellte, Handwerker, Arbeiter oder Fischer. Bis jetzt sind die Inselbewohner noch kaum von Nahrungsmittelmangel bedroht. Es gilt freilich zu beachten, daß die Landreserve der dicht besiedelten Insel begrenzt ist und wegen der Ausweitung der Dorfsiedlungen und der Errichtung von Hotels und industriellen Anlagen immer kleiner wird.

1979 bewohnten 2.35 Millionen Menschen die Provinz Bali, die neben der Hauptinsel (5490 km^2) noch Nusa Penida und einige kleine, nur spärlich besiedelte Eilande mit einer Fläche von 203 km^2 umfaßt. Die mittlere Bevölkerungsdichte der Insel Bali beläuft sich auf 419 Bewohner pro Quadratkilometer. Da die unwirtlichen Gebirgsabschnitte und einige Trockengebiete nur spärlich bewohnt sind, konzentrieren sich die Dörfer vor allem auf die fruchtbaren Ebenen im südlichen Zentralbali, wo die Bevölkerungsdichte 1000 Menschen/km^2 überschreitet.

Aus diesen wenigen Zahlen kann geschlossen werden, daß die Landbesitzer in Bali nur kleine Grundstücke bewirtschaften. Über die Hälfte der Bauerngütchen weisen eine Fläche von lediglich 0,10 ha bis 0,60 ha auf. Diese Kleinstbetriebe können bei der Erbteilung kaum mehr verkleinert werden. Es ist deshalb verständlich, daß die indonesische Regierung in den letzten Jahren versuchte, Inseln mit hoher Bevölkerungsdichte durch die Förderung der Auswanderung vom Bevölkerungsdruck zu entlasten. Da der Balinese sich aber im allgemeinen mit seinem Dorf eng verbunden fühlt, zeitigte die Aufforderung zur Auswanderung bislang keine entscheidenden Erfolge. Neben den ungünstigen Eigentumsverhältnissen beeinträchtigt auch die Verschuldung die agrarsoziale Struktur. Die Zinslasten sind enorm. Oft sind 10 Prozent der geschuldeten Summe nicht als Jahreszins, sondern pro Monat, privaten Geldgebern zu entrichten.

Die Fläche der Provinz Bali wird folgendermaßen genutzt:

– Naßreisanbau	18%
– Regenfeldbau	27%
– Kokoshaine	13%
– Kaffeehaine	5%
– Familiengärten	4%
– Waldland	23%
– geschützte Hangzonen	3%
– anderes genutztes oder ungenutztes Land	7%

In Höhen über 500 Meter, wo die vulkanischen Auswurfsmassen noch wenig verwittert und wasserdurchlässig sind, ist die Bewässerung schwierig. Hier ist Regenfeldbau die Regel. Mais, Kassava, Süßkartoffeln, Erdnüsse, Sojabohnen, Tabak und Kaffee sind Produkte, die ohne künstliche Bewässerung angebaut werden können.

Kaffee ist das einzige Ausfuhrgut von Bedeutung. Sein Hauptanbaugebiet liegt in den Distrikten Buléléng und Tabanan. Die meisten Kaffeegärten sind in Familienbesitz. 13 Prozent der Anbaufläche werden mit Coffea arabica, 87 Prozent mit Coffea robusta bepflanzt. Neben Kaffee werden auch Kopra und Kokosöl, dann in geringerem Maß Tabak, Zucker, Gewürze, Rohgummi aus Heveahainen in Westbali und Kapok nach anderen indonesischen Inseln ausgeführt.

Von den verschiedenen Palmen ist die Kokospalme die wichtigste. Da sie ein lichtbedürftiger Baum ist, feuchte, tiefgründige Schwemmlandböden liebt und am besten bei gleichbleibend hoher Luftfeuchtigkeit und Wärme gedeiht, finden sich geschlossene Palmbestände hauptsächlich in Küstennähe. Nur rund 2 Prozent der Anbaufläche sind im Besitz des Staates und werden als Plantagen bewirtschaftet. Im Gegensatz zu den gepflegten Reisfeldern trifft man hie und da auf Kokoshaine, deren Erträge durch eine sorgfältigere Pflege gesteigert werden könnten. Oft stehen die Bäume zu dicht, so daß der Baumbestand ungenügend belichtet wird. Nur in seltenen Fällen wird der Boden gedüngt, und gegen den Rattenfraß werden kaum Vorkehrungen getroffen. Da Kokospalmen über hundert Jahre alt werden können, weisen die Pflanzen ein großes Beharrungsvermögen auf. Die Erträge nehmen nach dem 65. Altersjahr der Bäume rasch ab. Trotzdem wagen es viele Bauern nicht, überalterte Bestände zu fällen, müssen sie doch nach dem Einpflanzen einer jungen Palme mindestens fünf bis sechs Jahre warten, bis die ersten Nüsse reifen. Ihre volle Tragfähigkeit erreichen die Kokospalmen nach ungefähr 12 Jahren.

Die Verwendung der Kokosnuß ist mannigfaltig. Unreife Nüsse enthalten eine trinkbare Flüssigkeit, die Kokosmilch genannt wird. Das fettreiche Fruchtfleisch wird als Nahrungsmittel in der einheimischen Küche verwendet. Getrocknet kommt es als Kopra in den Handel; durch Auspressen gewinnt man daraus Speiseöl und -fett. Kokosflocken sind ein wertvolles Mastfutter für Haustiere. Die Hartschale wird zu Bechern und Schüsseln verarbeitet. Die äußere Fruchthülle und der Fasermantel ergeben ein begehrtes Heizmaterial, das z. B. zum Brennen von Korallenkalk und Lehmziegeln gebraucht wird. Fasern können aber auch versponnen oder zu Besen und Bürsten verarbeitet werden. Palmwedel liefern Dachdeckmaterialien und das widerstandsfähige Holz wird zum Hausbau oder beim Erstellen von Bewässerungsanlagen verwendet. In Bali spielt zudem die Gewinnung von Palmwein und Palmschnaps eine bedeutende Rolle.

Buagan ist eines der Dörfer, dessen Bauern ihre Kokospalmen nicht der Nüsse wegen halten, sondern weil sie aus dem süßen Blütensaft ein Destillat herstellen, das ausgezeichnet schmeckt und sich als Kokos-Arak großer Beliebtheit erfreut. Als Arak werden auch Branntweine bezeichnet, die durch Destillieren von vergorenen Fruchtsäften der Enau- und Lontarpalmen oder aus Reiswein erzeugt werden. Arak ist nicht nur als Getränk geschätzt, sondern ist auch eines der fünf Weihwasser. Deshalb zählen auch Priester zu den Abnehmern von Palmwein, Reiswein und Branntwein.

Wenn die Blütenknospen der Kokospalmen zu treiben beginnen, werden sie mit Pflanzenblättern oder mit einem Plastiksack eingehüllt. Dadurch werden Tiere vom Naschen des Zuckersaftes abgehalten. In der Folge schneidet man die fleischigen Blütenachsen mit einem Messer an. Während der ersten zwei Tage wird der Saft nicht aufgefangen. Angelockt durch die süße Flüssigkeit schwirren an diesen Tagen zahlreiche Fledermäuse durch die Palmhaine. Viele dieser Tiere werden von den Bauern abgeschossen. Ihr Fleisch ergibt eine angenehme Bereicherung der Mahlzeiten. Nun erst beginnt die strenge Arbeit der Palmweinsucher. Unter den Blütenachsen wird ein Bambusrohr als Saftauffänger befestigt. Jeden Morgen und Abend klettert der Bauer auf den Baum und ritzt die Blütenachsen an. Um das Ersteigen der hohen Palmen zu erleichtern, ist der Stamm durch Kerben gestuft worden. Am Abend sammeln die Männer den zuckerhaltigen Blütensaft und schütten ihn in einen tönernen Topf. Um die Gärung einzuleiten, werden sowohl in das Bambusgefäß als auch in den Tontopf Büschel von Kokosfibern gelegt, die zuvor mit einem hölzernen Mörserstab über einem Stein bearbeitet und anschließend von Hand zerrissen und zusammengepreßt worden sind. Am nächsten Morgen wird der Topf über das Feuer gestellt. Damit der Dampfdruck den aufgesetzten Deckel nicht wegschleudert, ist er mit einem Naturleim aus zerstampften Blättern festgeklebt worden. In einem zweiten Gefäß wird das Destillat aufgefangen und von dort in eine Glasflasche geleitet. Der so gewonnene Branntwein ist kristallklar. Durch Beigabe von Gelbwurzgewürzen (Curcuma longa) und Muskatnuß erhält der Arak seine rötliche Farbe.

Mein Bekannter in Buagan besitzt 16 Kokospalmen, die ausschließlich der Gewinnung von Arak dienen. Vom aufgefangenen Saft kann er zur Trockenzeit täglich 1,5 Liter, zur Regenzeit 2 Liter Branntwein herstellen. Da während der feuchten Zeit der Anfall von Palmwein größer

---

Abb. Seite 44/45 – Frauen aus einem Töpferdorf Badungs auf dem Gang zum Markt

ist, sinkt entsprechend der Preis. Kluge Bauern legen während der Regenzeit einen Vorrat an Arak an, den sie in großen Behältern speichern. Wohlhabende Familien kaufen den Branntwein von ihren ärmeren Nachbarn zu niedrigen Preisen auf und bringen ihn erst zur Zeit der Knappheit auf den Markt. Kaffee, Tee, Kuchen und Arak kann man nicht nur in jeder Gaststätte, sondern auch an den kleinen Straßenrestaurants erstehen. Fröhlich sind die Abende im Arak-Dorf. Nach Einbruch der Dunkelheit treffen sich die verheirateten Männer in der Dorfhalle und ruhen sich bei ungezwungenem Geplauder von ihrer harten Alltagsarbeit aus. Nach einigen Gläschen wohlverdienten Araks schallen bald lustige Lieder und lautes Lachen aus dem dunklen Palmenhain.

Lontarpalmen (Borassus flabellifer) kommen vor allem in den trockeneren Gebieten vor. Die dürren Palmblätter können mit Messerchen beschriftet werden. Alles Überlieferungswerte wird in Lontarbüchern festgehalten. Aus Lontarblättern werden aber auch Flechtwaren wie Hüte, Taschen, Matten, Verzierungen für Tempeldekorationen usw. hergestellt. Von den Früchten gewinnt man den Lontarpalmwein.

Aus dem Saft von Enau-Früchten (Arenga pinnata) wird durch Eindicken roter Palmzucker gewonnen, der zum Teil nach der östlichen Nachbarinsel Lombok verkauft werden kann. Die Fibern der Enaupalme dienen zum Dachdecken. Diese sind wohl teurer als Langgras (Imperata cylindrica), Bambus oder Kokosblätter, dafür aber widerstandsfähiger. Dächer aus Enau-Fibern haben eine Lebensdauer von über dreißig Jahren.

Obst gedeiht während des ganzen Jahres. In den meisten Familiengärten werden verschiedenerlei Bananen gehalten. Bestimmte Bananen ißt man roh. Mehlbananen, die anstelle von Zucker Stärke enthalten, können nur gebacken oder gekocht genossen werden. Papaya (Carica papaya), Mango (Mangifera indica), Mangistan (Garcinia mangostana), Rambutan (Nephelium lappaceum), Durian (Durio zibethinus), Nangka (Artocarpus heterophylla), Jambu (Eugenia jambos) und Ananas (Ananas comosus) sind weit verbreitet. Mandarinen (Citrus reticulata) und Tangerinen (Citrus deliciosa) werden vor allem in Nordbali geerntet, während in den höheren Lagen um Kintamani und Bangli Orangen gedeihen. Besonderer Beliebtheit erfreuen sich die großen, wohlschmeckenden Pampelmusen (Citrus maxima). Im Südosten von Bali liegen die bedeutendsten Salak-Pflanzungen (Zalacca edulis). Der dornige Palmstrauch trägt in seiner Wedelverzweigung erfrischende Früchte, deren Schalen an die Haut eines Schuppentieres erinnern.

Die Viehzucht trägt fast ebensoviel zum Inseleinkommen bei wie der Ackerbau. Viele der 370.000 Rinder werden als Zugtiere, vor allem zum Pflügen und Planieren der Reisfelder, eingesetzt. Die Rinder sind auch als Fleischlieferanten geschätzt, denn im Gegensatz zu anderen hinduistischen Ländern engen keine Glaubensgrundsätze den Genuß von Rindfleisch ein. Nur Priester dürfen kein Rindfleisch essen. Die lediglich 300 bis 400 kg schweren Tiere werden vorbildlich gepflegt und finden dank der guten Fleischqualität sogar in Hongkong und Singapur Absatz. Da in den dicht bevölkerten Landstrichen eigentliches Weideland fehlt, muß bei der Wahl von Anbauprodukten darauf geachtet werden, daß deren Abfall als Viehfutter verwendet werden kann. Ein begehrtes Futter sind Blätter bestimmter Bäume.

In Höhenlagen unter 500 m dominiert der Reisanbau. Bewässerungsgenossenschaften bestehen seit der altbalinesischen Epoche. Während Jahrhunderten sind die Bewässerungsmethoden weiter entwickelt und verfeinert worden. Unangetastet aber blieb der Grundsatz, daß das zugeführte Wasser nicht Besitz eines einzelnen sein dürfe, sondern nach gemeinsamer Absprache geregelt verteilt werden müsse, so daß alle Feldbesitzer in den Genuß eines der Ackergröße angemessenen Wasseranteils gelangen. Die Bauern sind verpflichtet, auf die Bedürfnisse aller Rücksicht zu nehmen, dies besonders in Zeiten, in denen Trockenheit die Bewässerung erschwert. Tag und Nacht wird dann die Wasserzufuhr überwacht,

und Mitglieder, die gegen die Anordnungen verstoßen, gewärtigen eine Strafe.
Von hochgelegenen Seen, aus der Quellregion an den Vulkanhängen oder aus Flüssen und Bächen wird das Wasser in die durch Erdwälle abgedämmten Terrassen geleitet. Eine Stufe nach der anderen wird überflutet und das Wasser nach dem Durchfließen der untersten Felder wieder in den Fluß zurückgeführt, so daß es in einem tiefer gelegenen Naßreisanbaugebiet erneut zur Bewässerung verwendet werden kann. Reisfeldkomplexe, deren einzelne Äcker ihr Wasser aus einem gemeinsamen Weiher oder von der gleichen Zuleitung beziehen, werden Subak genannt. Diese umfassen eine Fläche zwischen einigen Zehnern von Hektaren und mehreren Quadratkilometern. Die Besitzer und Pächter der Felder sind Mitarbeiter der entsprechenden Bewässerungsgenossenschaft.
Auf Naßreisfeldern werden meistens zwei Ernten im Jahr erzielt. Als Zwischenprodukte kommen Pflanzen in Frage, die zur Stickstoffanreicherung beitragen oder eine gute Bodenregeneration erlauben, so z. B. Soyabohnen, Paprika und Tabak.
Betrachten wir den jahreszeitlichen Arbeitsablauf im Dorf Blayu. Im Januar pflügen die Bauern mehrmals die aufgeweichten Felder mit Hilfe einfacher Holzpflüge, die von Rindern gezogen werden. Der Acker wird daraufhin sorgfältig gehackt. Als weitere Arbeit folgt das Ausebnen der Anbauflächen mit Planierschlitten. Um die Keimung einzuleiten, sind in der Zwischenzeit die besten Reiskörner der vorangegangenen Ernte angefeuchtet worden. Das Saatgut wird nun an einem Fruchtbarkeit verheißenden Datum in einer Feldecke ausgesät. Im Monat März, sechs Wochen nach der Aussaat, verpflanzt der Bauer den jungen Reis, freilich nicht ohne zuvor auf einem Feldaltar die Göttin der Fruchtbarkeit mit Opfergaben bedacht zu haben. Das Pikieren des Reises ist auf Bali fast ausschließlich Männerarbeit. Zu der erwähnten Jahreszeit verwenden die Bewohner von Blayu meistens die Reissorte Ijo Gading („Grün-Gelb“). Diese hat wohl eine verhältnismäßig lange Vegetationszeit, liefert aber einen besonders schmackhaften Reis. Bis in den Monat April sprießen die jungen, hellgrünen Pflänzchen im überfluteten Feld. Dann wird die Wasserzufuhr erstmals für eine Woche unterbrochen. Dies erlaubt dem Bauern, seinen Acker vom Unkraut zu säubern. Darnach werden die Felder erneut unter Wasser gesetzt und erst während der Reife mehr oder weniger trockengelegt. Drei Monate nach dem Pikieren beginnt der Reis zu blühen. Die Balinesen bezeichnen ihn nun als schwanger. Altäre werden in den Feldern errichtet und der „schwangeren“ Fruchtbarkeitsgöttin geweiht. Bis zur Ernte des jetzt rotgelben Reises bewässern die Bauern ihre Reisfelder nur noch je einmal in zwei Wochen. Der Boden kann austrocknen, wird hart und somit tragfähig. In den letzten Wochen vor der Ernte gilt es, den Reis vor gefräßigen Vögeln zu schützen. Zu diesem Zweck überspannen lange Leinen, an denen bunte Tücher flattern, die Felder. In Hütten auf hohen Pfählen sitzen Knaben, die beim Auftauchen eines Vogelschwarmes die Leinen in Bewegung setzen. Anderen Männern und Kindern kommt die Aufgabe zu, Mäuse und Ratten zu fangen und zu töten.
Während der Reifezeit gilt es auch, der Erdgeister zu gedenken. Durch das Darreichen entsprechender Opfergaben hoffen die Bauern, Schädlinge von ihren Feldern fernzuhalten. Wenige Tage vor Erntebeginn werden zwei Garben geschnitten, die den Gott Wischnu und seine Gemahlin Déwi Sri versinnbildlichen. Bevor die Schnitter mit ihrer Arbeit beginnen, muß eine blumengeschmückte Figur aus Reisrispen und geflochtenen Palmblättern errichtet werden. Sie stellt die Reismutter dar.
Im August säen die Bauern erneut Reis aus. Die Sorte Cempaka benötigt vom Zeitpunkt des Pikierens bis zur Schnittreife lediglich dreieinhalb Monate, ist aber als Speisereis weniger geschätzt als der Ijo Gading. Der intensiven Nutzung wegen müssen die Felder gedüngt werden. Als Dün-

---

Abb. Seite 48/49 – Zentrales Bergland: der Batur-See im tiefsten Absenkungsbereich der Caldera

Seite 50 – Dorfbewohner ohne Landbesitz verdingen sich als Reisschnitter.

Oben links – Feldaltar zu Ehren der Reismutter

Oben rechts – Reis worfeln

Links – Vom Boden abgehobene Reisscheune mit Mäuseplatten

Seite 52 – Bauer aus Nordostbali
Links – Zwei Entenhirten
Unten – Entenhüter. Mit einer langen Rute weist der Hirtenknabe den Enten den Weg

Links und rechts – Frauen auf dem Markt: links mit Blättern für den Betelbissen, rechts mit Nangka-Früchten

Mitte – Farnbaum im Bergland von Bedugul

ger kommt Kuhmist in Frage. Die Bauern kennen auch die Gründüngung, bei der Gras unter die Scholle gepflügt wird. Vielerorts helfen sich die Nachbarn während der arbeitsintensiven Zeit gegenseitig aus. Dorfbewohner ohne Landbesitz werden vor allem zur Ernte beigezogen. Verpachtet beispielsweise der Feldbesitzer einen Akker, so wird die Ernte in Mengwi zu je 40 Prozent auf den Eigentümer und den Pächter verteilt. 10 Prozent stehen den Schnittern und weitere 10 Prozent den Reisträgern zu. Bei der Ernte zählt man oft über 50 Landarbeiter im gleichen Feld, die – in einer langen Reihe die Rispen schneidend – sich langsam vorwärtsbewegen. Als Erntegerät dient meistens ein Messerchen, dessen Holzgriff in der rechten Hand gehalten wird. Mit der Linken werden die Rispen zu Büscheln zusammengefaßt, über der Messerschneide geknickt und so vom Halm getrennt. Hilfskräfte sammeln von Zeit zu Zeit die in der rechten Hand der Schnitter mitgetragenen Reisbüschel und stapeln diese zu Garben von 15 bis 20 kg Gewicht entlang der Straße oder auf den kleinen Randwällen der Felder auf. Die Rispen werden dabei nach unten gerichtet. Manchmal wird der Reis auf dem Feld gedroschen, indem Frauen die Rispen über ein Brett schlagen. Anschließend wird durch Worfeln die Spreu von den Körnern getrennt. Meistenorts aber kommt Trägern die Aufgabe zu, die Garben in die oft kilometerweit entfernt liegenden Reisspeicher zu transportieren. Männer befestigen zu diesem Zweck zwei Garben an einem Tragstab, den sie über die Achsel legen. Ein charakteristischer, trippelnder Schrittrhythmus, dem Wippen des gleicharmigen Hebels angepaßt, kennzeichnet den Gang dieser Männer. Frauen und Kinder tragen eine Garbe auf dem Kopf. Neuerdings bringen wohlhabendere Balinesen die Garben mit Fahrrädern ins Dorf.

Im allgemeinen verrichten Männer die kräfteraubenden Arbeiten. Frauen und Mädchen kommt die Aufsicht über Schweine und Geflügel zu. Sie holen Wasser vom Fluß, besorgen Holz zum Feuern und sind für die Zubereitung der Mahlzeiten zuständig. Die Balinesinnen stellen meistens auch die Opfergaben her und bringen sie den Gottheiten und Dämonen dar. Eine Frau, die nicht kochen oder weben kann, wird verachtet. Auch der Kauf und Verkauf auf dem Dorfmarkt gehören – mit Ausnahme des Großtierhandels – zum Aufgabenbereich der Frau. Neuerdings trifft man auf Balinesinnen, die als Hilfsarbeiterinnen beim Bau von Häusern und Straßen mitwirken. Undenkbar ist es, daß sich eine Frau als Malerin, Schnitzerin, Lontarschreiberin oder Musikerin betätigen würde.

Industrie und Handwerk

Bali ist noch kaum industrialisiert. Viele Gebrauchsgegenstände werden von Handwerkern hergestellt oder sind Produkte der Heimarbeit. Zwei regierungseigene Fabriken befinden sich in der Umgebung von Kesiman, östlich von Dénpasar. Es handelt sich um eine Baumwollspinnerei, die ungefärbtes Garn produziert, und eine Baumwollweberei, die meistens einfarbige Stoffe webt. Das Färben der Baumwollgarne erfolgt in der Umgebung der Stadt Gianyar in gewerblichen Betrieben. Abnehmer sind Kleinweber, die auf einfachen Webstühlen die bunten Fäden zu Stoffen verschiedener Muster verarbeiten. Songkétstoffe werden in Klungkung und Karangasem hergestellt. Das Weben eines solchen mit Gold- und Silberfäden durchwirkten, mehrfarbigen Tuches kann Monate in Anspruch nehmen. Die kostbaren Gewebe aus Karangasem werden in ganz Bali von begüterten Inselbewohnern für Zeremonialgewänder erworben.

Weit verbreitet sind die an lokale Lehmvorkommen gebundenen Betriebe, die Backsteine und Ziegel herstellen. Diese weisen eine warme, rosa-

---

Seite 56 – Salzgewinnung bei Kusamba (Klungkung). Auskristallisieren des Salzes in ausgehöhlten Palmstämmen

Seite 57 – Salzmacher beim Herantragen des Meerwassers

rote Farbe auf, sind aber oft nur ungenügend gebrannt worden und verwittern entsprechend rasch. Auch Töpfe und Krüge sind Produkte der Heimarbeit. Frauen tragen die Fertigprodukte hoch auf dem Kopf aufgetürmt zum Verkauf auf den Markt.
In küstennahen Riffzonen sammeln die Einheimischen zur Ebbezeit Korallen und andere tierische Kalke, die sie in einfachen Öfen brennen oder zur Herstellung von Sichtmauern brauchen. Der gebrannte Kalk findet im Baugewerbe Verwendung.
An verschiedenen Küstenabschnitten haben sich Balinesen auf die Gewinnung von Salz spezialisiert. Bei Benoa z. B. läßt man das Flutwasser in die vorbereiteten Beete eindringen. Der nasse Sand wird anschließend in grob zugehauene Holztröge geschaufelt und dann gewaschen. Über einem Feuer wird das Wasser der Sole verdampft, bis das Salz auskristallisiert. Umständlicher ist die Salzgewinnung in Amed, dem alten Kriegshafen von Karangasem. Mühsam tragen hier die Salzmacher das Meerwasser ans Land, wo es im Sand gefiltert und anschließend in offenen Beeten der Verdunstung ausgesetzt wird. Ebenso beschwerlich ist die Salzgewinnung der Bewohner von Kusamba. Da das Flutwasser hier die hoch gelegene Verebnung nicht erreicht, müssen die Salzmacher das Meerwasser mit zwei an eine Tragstange gehängten Behältern aus Pflanzenmaterial auf die sorgfältig ausgeebneten Sandbeete tragen und es dort regelmäßig verschütten. Über hundertmal im Tag steigen die Salzmacher bei stechender Sonne zum Meer hinunter. In der großen Hitze verdunstet das vergossene Wasser rasch, so daß sich das auskristallisierte Salz im Sand anreichert. Die oberste Sandschicht wird nun in die Hütte getragen, dort mit Meerwasser gewaschen und die Lösung so filtriert. Durch Ablaufrinnen aus Bambus wird die Sole von der Holztonne nach unten geleitet. Mit der Zeit sammelt sich im tiefsten Gefäß eine glasklare Sole an. Diese wird in ausgehöhlte Palmstämme geschüttet und im Freien der Verdunstung ausgesetzt. Gegen Abend ist das Salz auskristallisiert. Bei harter Arbeit vermag ein Küstenbewohner täglich ungefähr 5 kg Salz zu gewinnen. Die Arbeit ist ungesund. Die hochkonzentrierte Sole und die direkte Sonnenbestrahlung in unmittelbarer Nähe des Meeres schädigen die Haut der Salzmacher. Sie zählen zu den ärmsten Bevölkerungsschichten Balis.

Fremdenverkehr

1966 hat das erste internationale Hotel in Bali seine Pforten geöffnet. Jetzt sind es fünf De-Luxe-Hotels und 21 Hotels der ersten und zweiten Klasse mit insgesamt 3600 Doppelzimmern. Anfangs der achtziger Jahre soll das von der Weltbank mitfinanzierte Nusa Dua-Projekt verwirklicht werden. Damit werden weitere 2500 Doppelzimmer der De-Luxe-Klasse zur Verfügung stehen. Hervorragende Auslastungsziffern gut geführter Hotels in Sanur belegen, daß bei einem erfahrenen Management, einem attraktiven Marketing und einwandfreien Dienstleistungen überdurchschnittliche Ergebnisse erzielt werden können. Der Fremdenverkehr ist heute Balis bedeutendster Devisenbringer und wichtigster privater Arbeitgeber. Der Aufschwung des Fremdenverkehrs wirkt sich nicht nur auf die Hotelagglomeration Sanur aus. Der Tourismus stimulierte den Ausbau der Infrastruktur der Insel, wovon auch Balinesen profitieren, die ihr Einkommen außerhalb des Fremdenverkehrs finden. Die Möglichkeit der Betätigung im Dienstleistungssektor entlastet die einseitige Abhängigkeit von der Landwirtschaft und hilft, der weiteren Zerstückelung von bäuerlichen Kleinstbetrieben Einhalt zu gebieten. Die verhältnismäßig anständige Entlöhnung im Tourismus trägt dazu bei, die Lebensverhältnisse auf der Insel zu verbessern, unterstützen doch zahlreiche Angestellte ihre weniger begünstigten Eltern und Geschwister. Dies wirkt sich in der Erneuerung baufälliger Häuser aus, aber auch darin, daß die jüngere Generation länger und besser geschult wird. Positive Auswirkungen zeitigt auch der Rückgang der Geburtenrate.
Oft werden wirtschaftliche Neuerungen, deren

Seite 60 – Fischfang mit Handnetzen (Sanur, Badung) und Einbäumen (Soko, Tabanan)

Links – Bambuswipfel mit Altärchen zu Ehren des Berggottes vom Gunung Agung

Unten – Drohende Naturgewalten: Erdbeben und Vulkanausbrüche (Dorf Kalopaska, Buléléng, und Brücke bei Klungkung)

Bali dringend bedarf, als einseitig sich negativ auswirkend dargestellt. Gewiß ist es so, daß die Balinesen durch die Kontaktnahme mit Touristen mit westlichen Gepflogenheiten vertraut werden, und für viele vermag das Austreten aus dem Familienverband und der Dorforganisation Schwierigkeiten verursachen. Charakterschwache Balinesen lassen sich von Äußerlichkeiten blenden und ahmen westliche Gewohnheiten nach, ohne diese zu werten. Es mögen sich einzelne, manchmal sogar Gemeinschaften, der Herausforderung nicht gewachsen zeigen. Erstaunlich ist und bleibt aber die Tatsache, wie gut die Spannungen, die sich aus der Gegensätzlichkeit zwischen den Bedingungen des modernen Wirtschaftslebens und den Bestimmungen des Adat ergeben, gemeistert werden können. Sultan Takdir Alisjahbana, der bekannte indonesische Philosoph, vertrat in einem Gespräch die Ansicht, daß wirtschaftliche und kulturelle Entwicklung eng miteinander verbunden seien. Wirtschaftlicher Erfolg stimuliere die Kultur, wie auch ein kultureller Aufschwung die Wirtschaft anrege. Für Bali scheint sich die Ansicht Takdir Alisjahbanas weitgehend zu bestätigen.

Der kulturelle Tourismus, der von verantwortungsbewußten Einheimischen gewünscht wird, stellt Anforderungen sowohl an die Balinesen als auch an die Inselbesucher, die nicht umhin kommen, eine andersartige Denkweise unvoreingenommen anzuerkennen und zu studieren, wollen sie mehr als nur eine Klischeevorstellung gewinnen. Der Tourist sollte sich seiner Verantwortung gegenüber dem Kleinod Bali bewußt sein, kann er doch durch sein Verhalten die Balinesen im Guten oder Schlechten beeinflussen.

Sonnige Armut?

Reisebüros sind um schmeichelhafte Worte zur Anpreisung von Ferien auf Bali nicht verlegen. Es ist die Rede von „Festen, Tänzen, Prozessionen, Verbrennungen, die sich fast ohne Unterbruch folgen“. Tatsächlich ist es so, daß der Inselbesucher bei Fahrten über Land oft auf farbenfrohe Prozessionen trifft, deren Teilnehmer unbeeindruckt vom Touristenstrom ihren religiösen Verpflichtungen nachgehen. Daß der Allmächtige Bali als seinen Wohnsitz gewählt hat, stimmt die Inselbewohner glücklich und macht sie selbstsicher. Dankbar nehmen sie die ihnen daraus erwachsenden Pflichten auf sich, überzeugt davon, daß nur durch die Einbettung der Alltagsaktivitäten in die Belange des Glaubens ihr Leben in Harmonie zwischen Gott und den Dämonen, zwischen den Ausstrahlungen des Himmels und der Erde verlaufe. Eine solche Ausgewogenheit verhilft zum Gleichgewicht zwischen Körper und Seele und ist unabdingbare Voraussetzung für die innere Ruhe, die materielle Armut zu überstrahlen vermag und sie zeitweise vergessen läßt.

Sind die Balinesen arm? Der nur kurze Zeit auf der Insel der Götter weilende Besucher wird diese Frage nicht schlüssig beantworten können. Beurteilt er die Einheimischen aufgrund von Festtagszeremonien, wird der Glanz der äußeren Erscheinung den Gedanken an materielle Armut erst gar nicht aufkommen lassen. Innerer und äußerer Reichtum scheinen sich dann zu entsprechen. Begibt sich der Balireisende aber auf die „Vulkan-Tour“, die ihn in die Berglandschaft am Batur-See führt, wird er armen, bettelnden Kindern begegnen, deren aggressives Verhalten allerdings eher erzürnt als bedrückt.

Die Mehrzahl der Balinesen ist arm; doch ihre Armut ist nicht auf den ersten Blick sichtbar, wird sie doch mit Würde getragen. Während sich in westlichen Ländern Armut oft in Äußerlichkeiten, wie Behausung und Bekleidung, zu erkennen gibt, strahlt der Balinese, unabhängig seiner Stellung, Sicherheit in seinem Auftreten und im Umgang mit Landsleuten aus.

Standesunterschiede in der Bekleidung sind im Alltag gering. Auch die Gebäude im Familienhof sind einfach, bestehen sie nun aus Holz, getrockneten Lehmziegeln oder Backsteinen. Tagsüber hält man sich im Freien auf. Während der heißen Tageszeit ruht man auf überdachten Terrassen. In geschlossenen Gemächern verweilt der Balinese nur zum Schlafen oder in Krankheitsfällen.

Der Boden der oft nur aus einem Raum bestehenden Häuschen ist gestampfte Erde. Glasfenster sind selten.
Für Frischluft sorgt eine Maueröffnung, die zum Schutz gegen Tiere und Diebe mit Holzstäben vergittert ist. Die hölzerne Liegestätte dient gleichzeitig mehreren Familienangehörigen zum Schlafen. Mag eine solche Behausung auf den ersten Blick romantisch erscheinen – während der Regenzeit wird man sie rasch nüchterner beurteilen. Durch das Dach tropft bei heftigen Gewittern Regenwasser. Windstöße bringen die Petroleumlampe zum Erlöschen. Der feuchte Erdboden ist schmutzig und glitschig.
Häufig dienen Bäche als Waschplatz und Toilette zugleich. Mangelnde Hygiene und der hautnahe Kontakt fördern die Verbreitung ansteckender Krankheiten. Viele Balinesen leiden an Tuberkulose. Cholera-Epidemien suchen bestimmte Gegenden heim. In den einfachen Distriktsspitälern liegen Patienten, die an Gastroenteritis oder Typhus leiden; andere sind vom Starrkrampf befallen. Ekzeme und Hautausschläge können mit Hausmittelchen kaum wirksam bekämpft werden. Küstenbewohner werden von Fieberschüben der Malaria heimgesucht. Während sich kärglich besoldete Distriktsärzte in ihren großen ländlichen Betreuungsgebieten aufopfern, praktizieren in der Hauptstadt Dénpasar so viele Mediziner, daß sie kaum halbtags ausgelastet sind.
Sind die meisten Balinesen auch arm an materiellen Gütern, verfügen sie anderseits über reichlich Freizeit. Streßkrankheiten, wie z. B. Herzinfarkte, sind in Bali unbekannt. Mußestunden werden aber nicht nur in ungezwungenem Palaver verplaudert. Die Zeit wird auch dazu genutzt, bestimmten Aufgaben innerhalb der Dorfgemeinschaft nachzugehen. Die Anfertigung von Opfergaben, gemeinsame Dankbezeugungen und Kulthandlungen nehmen dabei einen großen Raum ein.
Balinesen fühlen sich in ihrem Sozialverhalten vor allem zwei Bereichen verpflichtet: ihrer Familie und der Dorfgemeinschaft. In beiden regiert der Grundsatz gegenseitiger Hilfe. Sollten einzelne Familienangehörige in Not geraten, finden sie Rückhalt im Kreis ihrer Großfamilie. Befragungen, die ich unter der Belegschaft eines balinesischen 3-Stern-Hotels durchführte, ergaben, daß zwei Drittel aller Angestellten ihre Eltern und 45 Prozent ihre noch schulpflichtigen oder einkommensschwachen Geschwister finanziell unterstützen. Dank der Tatsache, daß alle Dorfbewohner sich um das gemeinsame Wohl kümmern und zusammen ihren religiösen Verpflichtungen nachgehen, bildet sich eine Gesellschaft, in der die Wertung des einzelnen weniger durch dessen materiellen Besitz als durch seinen Einsatz bei gemeinschaftlichen Aufgaben bestimmt wird. Ob arm oder reich, durch adatgemäßes Verhalten ist es allen Balinesen möglich, eine geachtete Stellung innerhalb des Dorfverbandes zu erlangen. Nur Außenseiter haben keine Chance.

Kunst und Kunsthandwerk

Wohl waren früher in Bali vorwiegend Fürsten Auftraggeber für kulturelle Belange, doch es bestand keine Kluft zwischen der Dorfbevölkerung und den Künstlern. Die künstlerische Betätigung ist Ausdruck der Zusammenarbeit in der Dorfgemeinschaft und untrennbar mit dem Alltagsleben und der Gesellschaft verbunden. Da die Belange der Gemeinschaft eng mit der Religion und der Tradition verknüpft sind, steht auch das Kunstleben in Beziehung zum Glauben. Der Kunstausdruck wird weniger durch den einzelnen als durch das Dorf bestimmt. Richtigerweise werden deshalb bestimmte Stilrichtungen der Malerei nach den Wohnorten der Künstler benannt. Noch heute sind viele Kunstwerke das Resultat einer Gemeinschaftsarbeit. So mag der Vater den Entwurf ausarbeiten, während die Ausführung der einzelnen Figuren begabten Kindern überlassen wird.

Die balinesischen Meisterwerke der Schönen Künste (Gemälde und Holzschnitzereien) sind hauptsächlich auf folgende vier Museen verteilt: Museum Bali (Dénpasar), Pusat Kesenian (Dénpasar), Gedong Kertya (Singaraja) und das Museum in Ubud. Während die Gemäldesammlung das Museum Bali, Gedong Kertya und Ubud auch „ältere“ Werke (aber meistens aus dem 20. Jahrhundert!) enthalten, sind vor allem in Pusat Kesenian auch Malereien heute tätiger Künstler ausgestellt.

Die Untergliederung in die sogenannten „Schönen Künste“, Kunsthandwerk und die Werke künstlerischer Alltagsaktivität ist mit Vorbehalten aufzunehmen, vermischen sich doch in neuester Zeit Kunst und Kunsthandwerk. Oft finden sich in sogenannten „Art Shops“ Serien gleicher Holzstatuen, die von eigentlichen Spezialisten geschaffen worden sind. Sie mögen im günstigsten Fall schön sein, doch dürfte ihre künstlerische Bewertung kaum über den Begriff „Kunsthandwerk“ oder „Handwerk“ hinausreichen.

Echte Volkskunst äußert sich z. B. in den Häusern. Erwähnt seien die prachtvollen Vorhänge und Tuchfriese an Veranden und Himmelbetten, sowie die mit Schnitzereien verzierten Kopfenden der Betten. Vielerorts sind auch die Stützpfeiler der Terrassen mit bemalten Schnitzereien versehen. Besonders schöne Beispiele finden sich in Familientempeln und in den Palästen ehemaliger Herrscher. Neben den erwähnten Kunstäußerungen seien die symbolische Kunst im religiösen und im magischen Bereich, in der Form von Tempelfiguren, Bas-Reliefs und in der Lontarkalligraphie erwähnt. Das Herstellen prachtvoller Opfergaben und auch das Tempelzeremoniell sind Ausdruck dafür, daß der tiefverwurzelte Glauben Ursprung der Alltagskunst ist.

Ein Motiv alten Ursprungs ist das Cili in der Form einer stark abstrahierten Frauensilhouette mit runden Brüsten, langen und dünnen Armen und prachtvollem Haarschmuck. Manchmal wird nur der Kopf dargestellt. Cili können aus Holz oder aus aufgenähten chinesischen Ritualmünzen bestehen, als Webmuster auftauchen oder aus Palmblattstreifen oder Stroh geflochten sein. Cili sind auch ein häufiges Muster auf Flechtstreifen (lamak). Die von Frauen auf Festtage hin erstellten, rasch verwelkenden Lamak bestehen aus zartgelben, jungen Blättern der Enau-Bäume und grünen Wedelstreifen der Kokospalme. Die Musterung entsteht durch das Anheften von grünen Streifen auf das gelbe Grundband. Zum Befestigen der Bänder dienen meistens Bambussplitterchen.

Als Bausteine für Tempel und als Ausgangsmate-

Links oben – I. B. Madé Togog, der Altmeister der Batuan-Maler, und sein begabter Sohn bei gemeinsamer Arbeit

Links unten – Wayang Kulit: Blick hinter die Leinwand des Schattenspielers

Seite 66 – Vulkan Gunung Agung – Quell des Schreckens und der Fruchtbarkeit (oben: bei Duda; unten: bei Wates, Karangasem)

Seite 67 – Tempelfest im Pura Besakih, dem Muttertempel Balis an der Südflanke des Gunung Agung

rial für Bildhauerarbeiten verwenden die Balinesen einen weichen vulkanischen Tuffstein, der an den Steilufern der Flüsse abgebaut wird. Die große Luftfeuchtigkeit während der Regenzeit läßt den Stein rasch verwittern. Termiten setzen den Holzbauten zu. So ist es nicht erstaunlich, daß Tempel, Tore und Türen häufiger Erneuerungen bedürfen. Regelmäßige Ausbesserungen führen dazu, daß die Balinesen mit den Arbeitstechniken ihrer Vorfahren vertraut bleiben.

Balinesische Schmiede stellen neben Gebrauchsgegenständen auch Weihrauchkessel, Ritualglokken für Priester, Betelnußscheren mit Silbereinlagen, Gongs und Metalltasten her, die oft die Qualität von Kunsthandwerken erreichen. Opfergaben an Gott werden in gehämmerten Silberschalen dargebracht. Der prachtvolle Kopfschmuck der Mädchen ist aus Gold oder Silber gearbeitet. Im Haarknoten stecken Kämme aus Schildpatt. Jeder männliche Balinese besitzt einen Kris, den er bei bestimmten zeremoniellen Anlässen hinter der Schulter im Tuch trägt, das die Brust umhüllt. Hoch in Ehren gehalten werden alte, pamorierte Familienerbstücke, denen magische Abwehrkräfte gegen böse Geister zugesprochen werden. Der Handgriff des Kris ist besonders sorgfältig gearbeitet. Er besteht aus geschnitztem Horn, Ebenholz oder Elfenbein und ist manchmal vergoldet und mit Halbedelsteinen besetzt.

Die fast ausschließlich religionsgebundene Ausdrucksform der Kunst dauerte bis anfangs 20. Jahrhundert, als die Holländer die ganze Insel in ihren Besitz brachten. Bereits 1914 besuchten erste Touristen Bali. Der einsetzende Fremdenverkehr bewirkte, daß einzelne Künstler, der Nachfrage nach Souvenirs entsprechend, begannen, Nachbildungen von Kultgegenständen herzustellen, die verkauft oder gegen andere Gegenstände ausgetauscht werden konnten. Damit wurde die Profanierung der Kunst eingeleitet. Das rasche Anwachsen der Touristenzahlen in den letzten Jahren beeinflußte die Aktivität der Inselbewohner. Leider ist es nicht so, daß damit auch immer eine Hebung der Qualität verbunden wäre. Viele junge Maler richten ihre Werke auf die Nachfrage aus. Eine Ausnahme bilden die Maler des Dorfes Kamasan, die ihrem klassischen Stil treu geblieben sind, bei Touristen aber nur auf bescheidenes Interesse stoßen. Bekannte Altmeister sind in den Dörfern Batuan und Ubud tätig. Ihr Malstil läßt die Schulung durch europäische Kunstmaler erkennen. So willkommen der Tourismus als Devisenbringer auch sein mag: für die balinesische Kunstentwicklung waren seine Einflüsse nicht immer positiv. Dies ist freilich nicht allein auf die Kunstschaffenden zurückzuführen; auch die wahllos und unkritisch einkaufenden Balifahrer tragen das Ihre zum Zerfall der volkstümlichen Kunst bei.

Die Musik

Diese Einführung in die balinesische Musik entstammt der Feder des Basler Musikologen Tilman Seebass, der $1^1/_2$ Jahre in Bali forschend tätig war.

Nicht weniger als für die bildende Kunst und das Kunsthandwerk gilt auch für die Musik Balis, daß sie bis zum Anfang dieses Jahrhunderts in besonderem Maße an bestimmte religiöse Anlässe und Zeremonien gebunden war. Da diese Bindungen selbst heute noch außerordentlich vielfältig sind – man denke nur an die im Kapitel „Balinesische Zeremonien“ beschriebenen Zeremonien und Feste, für die oft Orchester beigezogen werden –, so erstaunt es nicht, daß das Musikleben selbst sehr reich ist. Ohne Übertreibung kann man sagen, daß nirgendwo auf der Welt auf so kleinem Raum eine derart intensive, komplizierte und selbständige Musikkultur besteht.

Man mag sich fragen, warum gerade auf Bali dieser Reichtum an musikalischen Erscheinungsformen, die von der Einzelflöte oder dem Maultrommelpaar bis zum fünfzigköpfigen Orchester reicht, möglich ist. Die Antwort gibt die Geschichte der Insel, wie sie im ersten Kapitel des Buches geschildert worden ist. Die ältere malayische und jüngere indische Kultur – beide sehr musizierfreudig – gingen vor 1500 Jahren eine Symbiose ein, aus der allmählich eine Verschmelzung wurde. Heute ist es beinahe unmöglich, die beiden Elemente voneinander zu trennen. Der den weltlichen Freuden und damit auch einer ausgedehnten Musikpraxis abholde Islam, welcher die meisten anderen Inseln des indonesischen Inselreiches durchdrang, faßte auf Bali kaum Fuß, so daß hier weder religiöse noch andere Motive der musikalischen Entfaltung Grenzen setzten.

Der zweite Umstand, der zum Reichtum beitrug, liegt in den sehr unterschiedlichen Lebensformen der balinesischen Gemeinschaften. Sie reichten vor dem Einbruch des Westens und dem seit der Unabhängigkeit einsetzenden Zentralismus des neuen Staates Indonesien von den Dorfrepubliken der Bali Aga, deren Leben am Festtag wie im Alltag durch Religion und Adat sehr streng geregelt ist, über alle nur denkbaren Zwischenstufen bis zum feudalistisch, hierarchisch gegliederten Hof. Es entsprach der Vorstellung der Bali Aga, daß die Musik ein unablösbarer Teil des gemeinschaftlichen Lebens und Feierns ist und ebenso wie das Leben selbst weitreichenden Gesetzen und festen Strukturen unterworfen wird. Niemand käme bei Musik dieser Art – etwa einer Ritualmusik im Tempel – auf den Gedanken, diese so anzuhören, als säße er in einem Konzertsaal oder vor dem Radio- oder Fernsehapparat, und niemandem fiele es ein, bestimmte Merkmale dieser Musik einer Kritik zu unterziehen. Im Gegenteil, sie wird als ein Teil des Rituallebens selbst und als ihr Puls empfunden, als ein Fest in Tönen, dem das Fest der Farben von Kostümen und Opfern, der gemessenen Bewegungen traumwandlerisch wirkender Gruppentänze, oder dem Fest der Gerüche von Räucherstäbchen und der Küche entspricht.

Demgegenüber war an den Fürstenhöfen die Stellung der Musik teilweise eine andere. Musik und Tanz wurden hier als Künste aufgefaßt und entsprechend unterrichtet. Sie dienten unter anderem der höfischen Unterhaltung. Die großen Orchester waren Rangzeichen des Herrschers, wirkten bei Empfängen mit, spielten zum Zeitvertreib, bildeten die Basis für Tanzdrama und Tanzoper und geleiteten den Fürsten, wohin auch immer er mit seinem Hof zog.

Doch auch am Hof spielt das religiöse Ritual eine wichtige Rolle, und so hat man sich auch aus diesem Grund den fürstlichen und den dörflichen Bereich nicht als unüberbrückbare Gegensätze, als Lebensformen ohne gemeinsame Züge, vorzustellen. Zwischen den beiden bestand eine enge Wechselbeziehung. Einerseits nahmen die Dörfer Elemente der Hofkultur auf, und anderseits prägten dörfliche Einflüsse auch das Musikleben in den Palästen, weil ein großer Teil des dort wirkenden Personals – vor allem im Bereich der Musik – aus Leuten bestand, die eine Auslese

---

Seite 70/71 – Kécak: modernes Tanzdrama, mit einem sitzend tanzenden Männerchor

der Begabtesten aus der Umgebung darstellten. Da die fürstliche Hofhaltung untergegangen ist und auch abgelegene und weitgehend selbständige Bali-Aga-Dörfer Kulturelemente von außen aufgenommen haben, kam es zur Annäherung der beiden Pole, doch bisher hat diese Annäherung noch keine Nivellierung herbeigeführt. Die kulturelle Eigenständigkeit ist – wie auch die politische – immer noch beträchtlich.
Es gibt heute etwa zwei Dutzend Typen von Formationen. Die kleinste besteht in einem Ensemble von zwei Musikern, die größte in einem ansehnlichen Orchester, welche alle ein festgelegtes Repertoire von Musikstücken besitzen und zu gewissen Anlässen spielen. Bei den Musikinstrumenten, aus denen sich die Orchester zusammensetzen, herrschen Tasteninstrumente aus Metall, Holz oder Bambus, große hängende Bronzegongs und kleine, meist auf Gestellen aufliegende Gongkessel vor. Der in der javanischen und indonesischen Sprache übliche Ausdruck „Gamelan“ (Orchester mit Bronze- oder Eisenmetallophonen, Gongs und Gongkessel) kommt im Balinesischen nicht vor. Allgemeine Ausdrücke für Orchester, Formation – ja Musik überhaupt! – gibt es nicht. Nur unter Fachleuten an balinesischen Konservatorien hat sich der Begriff „Gamelan“ durchgesetzt.

Geordnete Welt

Das Weltbild der Balinesen zeichnet sich durch eine ausgeprägte Orientierung nach den geographischen Richtungen aus, wobei die Weltordnung auch den menschlichen Körper umfaßt und mit diesem funktionell verbunden ist. Für den Balinesen ist das Universum ein einheitliches Ganzes. Alles ist einem Ordnungsgesetz unterworfen und Ausdruck der umfassenden Weltordnung. Im großen wie im kleinen ist das Spiegelbild des Kosmos erkennbar. Da in jedem Fall die Harmonie zwischen dem Leben und der kosmischen Ordnung anzustreben ist, versucht der Balinese in allen seinen Handlungen die kosmische Ordnung nachzuahmen. Er ist davon überzeugt, daß er dadurch eine bessere Kontrolle über die übernatürlichen Kräfte gewinnt, die sein Leben beeinflussen.

In allen Bereichen ist der Balinese bemüht, seine Orientierung beizubehalten. Verliert er seinen Richtungssinn, fühlt er sich verunsichert. Wird ein Gast in einen balinesischen Familienhof eingeladen, bittet man ihn, in der „Bergrichtung" oder „Richtung Sonnenaufgang" Platz zu nehmen. Beim Bespielen von Metalltasten werden die Schüler angehalten, den „westlichen" oder „östlichen" Ton anzuschlagen. Möbel werden nicht nach links oder rechts verstellt, sondern nach Osten oder Westen, Richtung Meer oder Richtung Berg geschoben.

Vielerorts in Indonesien werden Richtungen mit den Begriffen „bergwärts" und „meerwärts" bezeichnet. Auch in Bali spielt der Gegensatz zwischen Berg und Meer eine ausschlaggebende Rolle. Die von Westen nach Osten verlaufende Gebirgskette prägt das Relief. Von der Küste aus sind die Berge sichtbar, und von manchen Gipfeln kann das Meer erblickt werden. Von den Flanken der Vulkane und aus den Gebirgsseen fließt das belebende, Fruchtbarkeit spendende Wasser zum Meer. Die Berge liegen in der segensreichen Richtung; bergwärts weist der Weg zum Göttlichen. Auffänger des mitgeführten Schmutzes, Herd von Krankheiten, Wohnort der Dämonen ist das Meer; flußabwärts ist demgemäß die dämonische Richtung.

Das Heil des Menschen sucht der Balinese in der Richtung nach oben und bergwärts. Um Unheil abzuwehren, gilt es, sich nach unten und Richtung Meer zu wenden. Für die Bewohner auf der Südabdachung der balinesischen Gebirgskette ist Nusa Penida in südlicher oder südöstlicher Richtung gelegen. Ihrer Lage gemäß gilt diese Insel als Sitz alles Bedrohenden, so auch der Seuchen und Krankheiten, die über Bali kommen. Nusa Penida ist die Heimat des Riesendämons Ratu Gdé Mecaling, in dessen Macht es steht, vom Meer her Epidemien zu verbreiten. So ist es verständlich, daß die an der Südküste wohnenden Balinesen sich dieser Verderben bringenden Einflüsse zu erwehren versuchen. Die Nangluk Merana-Zeremonie („Zeremonie, um den Tod fernzuhalten") findet am Neumondtag im Monat Dezember statt. Zu diesem Datum begeben sich die Bewohner des Distrikts Gianyar an die Küste und flehen Ratu Gdé Mecaling an, Seuchen von ihrem Wohngebiet und Schädlinge von den Pflanzungen fernzuhalten. Daß die übelwollenden Scharen des Riesendämons noch immer ihren verheerenden Einfluß in Bali geltend machen, mag folgendes Beispiel aus 1972 belegen: Um Mitternacht, der unbestimmten Zeit zwischen heute und morgen, ertönte im Palast von Klungkung plötzlich laut und deutlich die Signaltrommel. Nacht für Nacht wiederholten sich die Schläge. Die Nachkommen des Königs ließen ihre erschrockenen Mitbürger wissen, daß Ratu Gdé Mecaling sein Kommen angekündigt habe und so viele Menschenopfer fordere, wie es der Anzahl der Trommelschläge entspreche. Bewohner des Palastes fertigten daraufhin Amulette gegen die erwartete Cholera-Epidemie an. Als ich im Dezember in Bali eintraf, besaßen viele der an der Südküste wohnenden Balinesen diesen Abwehrzauber. Es handelte sich um eine geweihte Ritualmünze, die an einer Schnur um das Handgelenk oder um den Hals getragen wurde. Einfache Bauern, Nachkommen der Könige, Hotelangestellte: Sie alle glaubten sich dadurch gegen die drohende Seuche gefeit. Es ist zu bemerken, daß Impfungen auf Bali nicht üblich sind. Im Februar 1973 breitete sich die Krankheit schlag-

Unten – Nyoman Sarmini, die begnadete Légong-Tänzerin aus Buagan, dem Dorf der Palmschnapsmacher

Mitte – Eine Tochter aus der Herrscherfamilie von Karangasem (oben) übt mit ihren Schülerinnen den Péndét-Tanz (unten)

Rechts – Janger-Tänzerin aus Amlapura

artig aus. Am stärksten betroffen wurden die Bewohner von Rendang, einem Dorf auf dem Weg zum Inselheiligtum Besakih.

Die vertikale Orientierung nach oben und unten teilt alles, was es auf der Welt gibt und darin vorgeht, in zwei Gruppen: in die göttliche (uranische) und in die niederweltliche (chthonische). In enger Beziehung dazu steht die horizontale Orientierung: Berg- und Meerrichtung einerseits, Richtung Sonnenaufgang und -untergang anderseits. Im Osten beginnt die Sonne ihren Tageslauf, im Westen aber „stirbt" sie. Dieser Beurteilung gemäß gehören Osten und die Bergrichtung zu den himmlisch eingestuften Richtungen, und der Morgen ist der uranisch bestimmte Tagesabschnitt. Der Westen und die Zeitspanne nach dem Zenitstand der Sonne werden der chthonischen Sphäre zugerechnet, die auch in der Richtung zum Meer zum Ausdruck kommt.

Für die Gesamtheit der Elemente der niederen Welt werden wiederum Unterschiede gemacht zwischen günstigen und ungünstigen Aspekten. So werden z. B. weltlicher Reichtum und Fruchtbarkeit des Bodens – obwohl insgesamt zu den niederweltlichen Kräften zählend – mit der göttlichen Sphäre in Verbindung gebracht. In der Magie, die als Ganzes den Kräften der Niederwelt zugerechnet wird, unterscheidet man zwischen der weißen, beschützenden und der schwarzen, zerstörenden Magie. Dasselbe gilt für Barong und Rangda, letztere eine Hexe schlimmster Art.

Dieser Zweiteilung kommt im Leben große Bedeutung zu. Göttliche Belange werden mit Bergen und mit Osten in Beziehung gebracht. Sucht der Balinese hingegen den Kontakt mit der Niederwelt, wendet er sich nach Westen oder Richtung Meer. Für Götter werden die Opfergaben erhöht dargebracht, während niederweltliche Mächte mit Spenden auf dem Boden beschwichtigt werden. Göttern dargereichte Opfer werden mit Weihwasser besprengt und eingesegnet, dann wieder aus dem Tempel nach Hause getragen und dort gegessen. Für Dämonen bestimmte Gaben hingegen überläßt man Hunden und Vögeln zum Fraß.

Der Balinese bewohnt und bebaut das Land zwischen den Bergen und dem Meer. Sein Lebensbereich liegt zwischen den Extremen der „oberen" und der „unteren" Welt, somit zwischen Göttern und Dämonen.

Als Welt im kleinen widerspiegelt der Mensch das All. Die Füße tragen den Körper und werden dem Weltenträger gleichgesetzt. Die Seele ist im Kopf des Menschen konzentriert und hat somit Bezug zur göttlichen Sphäre. Der Fremde sollte sich dieser Tatsache bewußt sein und deshalb nie einem Kind den Kopf streicheln. Die Fontanelle wird als „Schiwa-Tor" bezeichnet. Bei bestimmten Ritualen, so beim Herstellen von Weihwasser, wird der Priester durch diese Öffnung von Schiwa durchdrungen und zu Gott selber. Beim Liegen muß der Einstufung des Körpers Rechnung getragen werden. Das Bett soll so gestellt werden, daß der Schlafende seinen Kopf bergwärts oder gegen Sonnenaufgang richten kann. Die Füße, die mit der Erde in Berührung und somit schmutzig sind, werden niederweltlich eingestuft. Ein Neugeborenes muß drei, anderem Adat gemäß sogar sechs Monate getragen werden, damit es als wehrloses Wesen von den dämonischen Kräften der Erde nicht beeinträchtigt wird. Strenge Regeln gelten für den Gebrauch der rechten (göttlichen) und der linken (niederweltlichen) Hand. Mit der Rechten ißt man, hält man das Trinkgefäß und offeriert man Geschenke; die Linke aber dient hygienischen Belangen. Man erhebt sich mit dem rechten Bein aus dem Bett und wird mit dem rechten Fuß voraus das Haus verlassen. Baden die Inselbewohner im Fluß, so werden sich die Männer bachaufwärts, die Frauen weiter unten waschen. Der Geschlechtsteil wird dabei mit der linken Hand bedeckt.

Wie der Mensch im Mittelpunkt des Kosmos steht, so liegt auch der Lebensbereich der Balinesen, die Insel Bali, im Zentrum der Welt. Ihr Weltbild wird deshalb als balizentrisch bezeichnet.

Im westlichen Gedankengut werden die uranischen Kräfte oft fälschlicherweise als einseitig gut und segenspendend dargestellt, im Gegensatz zu den verderbnisbringenden niederweltlichen Mächten. Für den Balinesen wird aber das Wohl des Menschen nicht durch den Sieg der Götter über die Dämonen bewirkt, sind doch beide zur Aufrechterhaltung des Gleichgewichtes nötig. Durch tägliche Gaben an die Dämonen erinnert sich der Balinese der Anfechtungen. Wie leicht könnte der Mensch träge werden, würde nur Gott allein existieren!

Leben und Tod, Aussaat und Ernte, Gesundheit und Krankheit sind eng miteinander verbunden und unberechenbar. In Zusammenhang mit diesen lebensbestimmenden Kräften ist deren Personifizierung in Dämonen und Götter, in Naturgottheiten und vergöttlichte Ahnen zu sehen. Zu bestimmten Feiern steigen die Götter von ihrem Göttersitz herunter und nehmen auf den für sie bestimmten Altären und in Behältnissen Platz, um ihre Tribute von den Erdbewohnern entgegenzunehmen. Auch absonderlich geformte Steine, alte Bäume, bestimmte Waffen oder in Ehren gehaltene Erbstücke können göttliche Kräfte in sich aufnehmen – ein Hinweis auf die vorhinduistische Komponente im balinesischen Glauben. Bali gehört den Göttern. Die Inselbewohner betrachten sich nur als vorübergehende Landbesitzer, die während ihres irdischen Daseins den Boden bebauen und sich von dessen Erträgen ernähren. Der Güte der Götter ist es zuzuschreiben, daß sich die Lebenden zur Nahrungsmittelbeschaffung des Bodens bedienen dürfen. Entsprechend sind die Balinesen dankbar und erweisen den Göttern die Ehre.

Das Leben als dauernde Auseinandersetzung zwischen himmlischen und niederweltlichen Kräften erfordert den Kontakt zu beiden. So besteht das Alltagsleben des Balinesen zu einem großen Teil darin, mit Purifikationsriten und Dankfesten die harmonische Ausgewogenheit zwischen diesen gegensätzlichen Bereichen aufrechtzuerhalten.

Links oben – Topéng-Schauspieler beim Ausbessern ihrer Masken
Links unten – Weißmaskierte in vornehmer Kleidung stellen Adelige dar
Mitte – Calon Arang: Tanzdrama um die Kenntnisse der Magie
Rechts – Wayang Wong: Schauspiel mit Menschen, die Gestalten aus dem Ramayana versinnbildlichen

Geregeltes Zusammenleben

Vier Wurzeln beeinflussen die anerkannten Regeln für das Verhalten des Menschen in der Gemeinschaft (das Adat) in entscheidendem Maße: das überlieferte Gedankengut der Familie, des Dorfes, der früheren Kleinkönigreiche und die in den Lontarbüchern festgehaltenen Bestimmungen. Da das Adat sogar von Familie zu Familie abweichende Formen aufweist, fällt es dem Besucher Balis oft schwer, in der Vielfalt der Erscheinungen gemeinsame Grundzüge zu erkennen.

In der Frühzeit Balis hatten die Dörfer ihre eigenen Rechtstraditionen. Die Entstehung des Gewohnheitsrechtes reicht weit in die vorhinduistische Epoche zurück, in die Zeit der Dorfrepubliken, deren Bewohner Naturgottheiten huldigten. Neue Einflüsse machten sich erst nach der Ankunft buddhistischer und hinduistischer Eremiten und Mönche bemerkbar. In der überlieferten Mythologie wird vor allem Mpu Kuturan als adatbestimmende Persönlichkeit erwähnt. Der Überlieferung gemäß gehen auf ihn drei Kultstätten zurück, die in keinem Dorf fehlen dürfen. Diese Tempel widerspiegeln die drei Lebensabschnitte: der Pura Puseh den Ursprung, der Pura Désa (oder Pura Balé Agung) den Abschnitt zwischen Geburt und Ableben, während im Pura Dalem die Macht des Todes ihren Ausdruck findet.

Entscheidend für die Annahme gemeinsamer Regeln im rechtlichen und religiösen Bereich ist der Wille zur Zusammenarbeit im Alltag. Die gegenseitige Rücksichtnahme drückt sich nicht nur in landwirtschaftlichen Belangen, sondern auch in gemeinsamen Dankbezeugungen und Kulthandlungen aus. Das Adat muß als ein feingewobenes Netz aufgefaßt werden, dessen Musterung durch die Religion und das traditionelle Recht bestimmt wird, und in dem Privatinteressen zugunsten der Gemeinschaft zurücktreten. Wohl mögen die einzelnen Familien in der Verwirklichung des Adats verschiedene Wege gehen; dessen Grundsätze aber bleiben dieselben.

Im Zusammenhang mit dem Erwähnten soll näher auf die Bedeutung der Banjar eingegangen werden. Da balinesische Dörfer recht groß sein können, sind sie in kleinere Einheiten (Banjar) gegliedert, in denen verheiratete Männer als ehrenamtliche Dorfräte zum Rechten sehen. Sie überwachen verschiedene Obliegenheiten ihres Quartiers und zeremonielle Handlungen, wie sie sich z. B. bei Kremationsfeierlichkeiten ergeben. Sie kümmern sich ebenso um den aufwendigen Unterhalt der Tempelbauten. Der Banjar besitzt oft Reisfelder, die von den Mitgliedern gemeinsam bebaut werden. Mit dem Ernteerlös wird eine Kasse gespeist, die für Anlässe der Gemeinschaft aufzukommen hat. Abgaben der einzelnen Mitglieder ergänzen die Einnahmen aus den Erträgen der gemeinsamen Äcker. Alle Banjarmitglieder sind gleichberechtigt und jedermann ist verpflichtet – und bereit! –, andern mit Rat und Tat beizustehen, so beim Hausbau, aber auch bei Feiern im Lebensablauf des Menschen. Im Sprachschatz der Balinesen war das Wort „danken“ früher unbekannt, galt doch gegenseitige Hilfeleistung als selbstverständlich. Der Mensch lebt nicht als Einzelwesen, sondern als Teil einer Gemeinschaft. Warum denn danken, wenn doch Rücksichtnahme selbstverständlich ist!

Die Mitgliedschaft zum Banjar ist freiwillig. Nach seiner Vermählung erhält der Ehemann eine Einladung, dem Banjar beizutreten. Die Bedenkfrist, die dem zukünftigen Mitglied zugestanden wird, ist recht lang. Antwortet der Jungverheiratete auch auf die dritte Aufforderung immer noch nicht, nimmt man an, daß der Mann auf die Zugehörigkeit zum Banjar verzichte. Die Folgen sind schwerwiegend. Der Mann ist von allen Banjar-Funktionen ausgeschlossen und moralisch gezeichnet. Er verliert sogar das Recht, auf dem Dorffriedhof beigesetzt zu werden. Dem Außenseiter wird es schwerfallen, sich eine neue Existenz aufzubauen. Vergeht sich ein Mitglied in schwerwiegender Weise gegen die Satzungen des Banjars, kann es ausgeschlossen werden und geht damit seines Anteils am Besitz der Gemeinschaft verlustig.

Der Banjar weist sich oft über ein beachtliches Vermögen aus. So ist er Besitzer der Banjar-Halle. Dieses Versammlungshaus hat eine eigene Küche, deren Geräte an die Mitglieder ausgeliehen werden können. Zum Besitz des Banjars zählen aber auch Musikinstrumente, Tanzkostüme, Holzmasken, der goldene Kopfschmuck für Tänzerinnen sowie magische Barong- und Rangdafiguren. Alle diese Utensilien werden in einem besonderen Gebäude möglichst feuer- und diebstahlsicher aufbewahrt.

Als Blütezeit des Adats gilt das 16. bis 20. Jahrhundert, d. h. die Zeitspanne der mehr oder weniger unabhängigen Königreiche. Sie fand ihren Abschluß mit der Besetzung der Insel durch die Holländer. Es ist freilich nicht so, daß in der Kolonialzeit das Adat entscheidend verändert worden wäre. Das traditionelle Recht wirkte sich für die Kolonialherren insgesamt vorteilhaft aus, und die neuen Machthaber hatten deshalb keinen Anlaß, sich in Dorfangelegenheiten einzumischen. Auch die japanische Besetzung von 1942 bis 1945 – so schrecklich ihre Auswirkungen in gewissen Gebieten Indonesiens auch gewesen sein mögen – beeinflußte das Adat nur wenig, wandten doch die Eroberer ihre Aufmerksamkeit für sie wesentlicheren Belangen zu. Erst in neuerer Zeit erschüttern Krisen das Dorfadat. Nach der Ausrufung der Indonesischen Republik bildeten sich auch in Bali politische Parteien, deren Einflüsse bis in kleine Dörfer reichen. Das Zusammenleben im Dorfverband wird durch die Aufsplitterung in verschiedene Interessengruppen beeinträchtigt. War vorher der Adatvorsteher die bestimmende Dorfpersönlichkeit, treten nun neue Führer auf: die Vorsteher politischer Parteien. Sie können durch ihren Geltungstrieb die Mitbürger verunsichern. Wird aber das Adat betroffen, leidet auch die Religion, sind doch in Bali beide untrennbar verbunden. Priester, Adatüberwacher und die Verantwortlichen für die Belange der Religion haben sich deshalb zusammengeschlossen, mit dem Ziel, einen wirksamen Gegenpol zu den neuen Einflüssen zu schaffen. Das Adatbewußtsein ist umso wichtiger, als auch der einsetzende Massentourismus die Lebensgewohnheiten der Einheimischen zu beeinflussen beginnt. Nur adatbewußten Balinesen gelingt es, die neuen Einflüsse zu absorbieren und die eigene Identität zu wahren.

Das Dorfadat, als Anker des Glaubens, bildet mit dem Gemeinschaftsgefühl eine Einheit. Freude und Trauer, Geburt, Leben und Tod sind darin eingeschlossen. Die balinesischen Hinduisten finden es angebracht, die Erde und alles, was eine Einheit bildet, in Erscheinungsformen des Lebens zu versinnbildlichen. Der Vergleich mit Lebewesen erleichtert den Zugang zum Abstrakten. So ist „Mutter Erde“ für ihren Bereich zuständig, während im Himmelssektor die „Mondgöttin“ den Erdtrabanten lenkt. Das Land, auf dem der Mensch während seines Lebens das Nutzrecht genießt, gilt als Besitz der vergöttlichten Ahnen. Kauft der Bauer ein zusätzliches Grundstück, darf er es erst nach der Erfüllung zeremonieller Verpflichtungen für neuerworbenes Land bewirtschaften. Die drei adatgemäß vorgeschriebenen Dorftempel werden mit dem Kopf, die Adatvorsteher mit dem Herzen eines Menschen verglichen. Ebenso unterliegt das menschliche Leben Vorschriften der Tradition. So wird in den Manusa Yadnya der verschiedenen Lebensabschnitte gedacht. Als Beispiel sei die Feier der ersten Menstruation genannt, in der dem Mädchen der Übergang vom Kind zum Erwachsenen bewußt gemacht wird, gleichzeitig aber auch Gott um das Einverständnis für die Zustandsänderung gebeten wird.

Der Balinese ist vom Verständnis zum Leben durchdrungen. Werden beim Hausbau einzelne Materialien verwendet, entstehen durch deren Zusammenfügen neue Wesen: Teakholz wird zum Stuhl, zum Tisch. Aus den Backsteinen ergeben sich Mauern. Für den Inselbewohner gilt es, in einer besonderen Zeremonie das Haus zu weihen und zu beleben, damit es einen ausstrahlungsfähigen Komplex darstellt. Der Mensch hält sich nicht in einer toten Gebäulichkeit auf. Das Haus ist sein Freund, der Schutz und Geborgenheit gewährleistet. In früheren Zeiten wurden bei Palasterneuerungen Geschenke dargereicht. So konnte die Macht des Königshauses gestärkt werden. Auf dem Dorfgebiet werden durch entsprechende Zeremonien und Purifikationsriten störende Einflüsse ferngehalten und somit Ruhe und Frieden im Dorf gesichert. Sollten trotzdem

Linke Seite, oben – Rebana: muslimische Musikformation in Amlapura

Linke Seite, unten – Gebug aus Seraya (Karangasem): Kampfspiel mit Lianenruten

Links oben – Cekepung in Karangasem: Sitztanz aus Lombok

Unten – Genggong: Orchester mit Maultrommeln in Batuan (Gianyar)

Unglück und Krankheit die Bewohner heimsuchen, erinnern sich die Balinesen der drei Tempel und versuchen mit Hilfe von Gedenkfeiern und Opfergaben die Dämonen zu beschwichtigen.
Fälschlicherweise wird das Verständnis für die Beseeltheit der Natur und dessen, was der Mensch schafft, von Außenstehenden oft als Ausdruck eines reinen Naturbekenntnisses aufgefaßt. Für den Balinesen ist dies aber ein Beweis dafür, daß das Göttliche allgegenwärtig ist und Gott seine Liebe auch den vergänglichen Dingen der Welt schenkt. Da Gott dem Menschen hilfreich beisteht, fühlt sich der Inselbewohner verpflichtet, selber tätige Nächstenliebe zu üben und die Kräfte, die der Weltordnung zugrunde liegen, zu respektieren. Gemäß dieser Grundhaltung läßt sich auch das Zeremoniell der täglichen Opfergaben, die Verehrung von Bäumen, die Zeremonien für Haustiere und Pflanzungen erklären. Bei Entschuldigungsritualen drückt der Mensch seine Trauer über begangene Fehler in Form von Opfergaben aus und bittet so Gott um Verzeihung. Für einen Intellektuellen mögen diese Gottesgaben die bildliche Darstellung der Religionsphilosophie sein; dem einfachen Balinesen aber gewähren sie den Zugang zum Göttlichen.
Kurz zusammengefaßt stellt das Adat ein Organ des traditionellen Rechts dar, welches auch Grundlagen der Religion umfaßt. Es ist ein Erbe der balinesischen Vorfahren, welches das Zusammenleben in sozioreligiöser Hinsicht regelt.

Religion und Magie

Wo sich Vulkane erheben und Flüsse deren Flanken hinunterfließen, wo Sonne und Mond scheinen, da ist auch Gott, der die Menschen segnet.

So lautet ein Satz aus dem Lontarbuch Tantu Pagelaran, welcher die Verbundenheit und Zufriedenheit der Balinesen mit der Religion und ihrem Lebensraum verdeutlicht. Es ist nicht leicht, diese Religion zu definieren, beinhaltet sie doch Elemente der Naturverehrung, des Ahnenkults, des Mahayana-Buddhismus und des Hinduismus schiwaistischer Prägung, die alle zusammen ein harmonisches Gefüge ergeben, das oft als hindubalinesische Religion bezeichnet wird. Da je nach Gegend, ja von Familie zu Familie, der eine oder andere Faktor eine verschiedene Wertung erfährt und das Adat das Seine zur verwirrenden Fülle der Äußerungen beiträgt, fällt es einem Außenstehenden schwer, die gemeinsamen Grundlagen zu erkennen. Im folgenden wende ich deshalb die Aufmerksamkeit vorerst einigen hindubalinesischen Grundsätzen zu.

Da Bali der Welt als „Insel der Götter" bekannt ist, verwundert es kaum, daß immer wieder die Frage nach der Anzahl der Gottheiten laut wird, denen der Balinese huldigt. Niemand wird sie nennen können, da diese Fragestellung die Inselbewohner überhaupt nicht berührt. Religionslehrer wecken in ihren Schülern das Verständnis für die vielen Götter mit einem Gleichnis. Wie viele Strahlen – so fragen sie – hat die Sonne? Obwohl niemand die Antwort wisse, sei es doch jedermann bekannt, daß es nur **eine** Sonne gebe, die ihre Strahlen zur Erde sende und das Leben gewährleiste. Ähnlich verhalte es sich mit Gott. All die vielen Gottheiten seien nichts anderes als Ausstrahlungen ein und derselben Quelle, des Allumfassenden. Wie sich die Sonne durch ihre Strahlen kundtue, so äußere sich der Allmächtige durch seine Mittler, welche Déwa oder Bhatara genannt werden. Ihnen dienen die Tempel, die Vielzahl der Altäre, pagodenähnliche Bauwerke und Schreine als zeitweiliger Aufenthaltsort. Die Anzahl der Götter ist unbestimmt: Gott offenbart sich jedem einzelnen Menschen in so vielen Erscheinungsformen als dieser bedarf, um zum Gottverständnis zu gelangen.

Die höhere Einheit der balinesischen Götterwelt wird durch Sang Hyang Widdhi Wasa gewährleistet. Der Name dieser übergeordneten Macht beinhaltet den Begriff „Göttlicher Herrscher über das Schicksal". Andere Bezeichnungen sind: Sang Hyang Tuduh, der „Ordnende", und Sang Hyang Tunggal, der „Alleinige". Diese Begriffe weisen darauf hin, daß die Balinesen hinter der Welt der Erscheinungen eine konkret nicht faßbare, höhere Macht vermuten. Nur ausnahmsweise wird Gott in dieser abstrakten Form gehuldigt, so z. B. bei der Urbarmachung von Neuland und einer damit verbundenen Dorfgründung. In diesem Fall existiert noch kein vergöttlichter Ahnvater, an den man sich wenden könnte, denn es sind noch keine Dorfgründer verstorben, kremiert und purifiziert worden.

Für die Balinesen ist Schiwa der aktive Schöpfer der Großen und der Kleinen Welt und somit Ursprung aller Dinge. Als Sonne ist er Mittelpunkt des Kosmos, als Gunung Agung Zentrum der Insel Bali. Schiwa ist nicht eine der Gottheiten der hinduistischen Dreieinigkeit, sondern die Trimurti selber. Auf Schiwa wird das Leben zurückgeführt. Pflanzen gewährt er das Wachstum, Tieren zusätzlich eine Stimme und Menschen zudem den Geist. Korrekterweise müßte die balinesische Religion als „buddhistisch-schiwaistisch" bezeichnet werden, enthält sie doch dank dem Einfluß früher buddhistischer Mönche auch Gedankengut des Mahayana-Buddhismus. Diese Glaubensrichtung ging aber später im Hinduismus auf, so daß wohl von einer Verschmelzung der beiden Bekenntnisse gesprochen werden kann, wobei aber die Betonung eindeutig auf der hinduistischen Komponente liegt.

Neben Schiwa-Priestern (pedanda Siwa) gibt es auch Buddha-Priester (pedanda Budha). Leicht kann man die beiden voneinander unterscheiden: Während der Pedanda Siwa sein Haar in einem Knoten knüpft, fällt dem Pedanda Budha sein langes Haar auf die Schultern. Bei Großzeremonien wirken beide der Brahmanenkaste angehörenden Priester mit. Der Buddha-Priester muß

Rechts – Weihe eines Brahmanenpriesters und seiner Gattin

Unten links – Schiwa-Priester bei der Kulthandlung im Tempel

Unten rechts – Buddha-Priester: der Spezialist für niederweltliche Belange

Alter Tempelpriester (Laienpriester) aus Mengwi

dabei meerwärts oder im Westen zelebrieren, ist er doch auf niederweltliche Belange spezialisiert, während sich der Schiwa-Priester in der Bergrichtung oder im Osten ausschließlich auf gottbezogene Handlungen konzentriert. So drückt sich das Bestreben nach Aufrechterhaltung des Gleichgewichtes zwischen Göttern und Dämonen sogar im Priesterritual aus. Grundlage des schiwaistischen Rituals sind verstümmelte Teile indischer Weden, während Buddha-Priester ihre Kenntnisse aus dem heiligen Buch Kamayanikan schöpfen.

Die Vorliebe zur Konkretisierung abstrakter Gedanken führt dazu, die verschiedenen Ausstrahlungskräfte des Allmächtigen mit Gottheiten zu versinnbildlichen, deren Funktion bestimmten Lebensäußerungen entspricht. „Göttergattinnen“ sind Ausdruck Gottes in seiner aktiven Form. Der Ausstrahlung Brahmas ist es zuzuschreiben, daß er als Schöpfer den Menschen leitet. Seine Liebe drückt sich in der ihm zugesprochenen Gefährtin Déwi Saraswati aus, welche es Priestern erlaubt, die göttliche Erleuchtung zu erfassen. Saraswati gilt auch als Quell der Weisheit und wird deshalb von Lontarlesern tief verehrt, führt sie doch zum Verständnis des traditionellen balinesischen Quellenmaterials.

Religionslehrer sprechen Wischnu, dem Erhalter des Lebens, zwei Begleiterinnen zu: Déwi Sri und Déwi Laksmi. Sri wird als Göttin der Fruchtbarkeit und der materiellen Wohlfahrt verehrt. Da in Bali das Leben vieler Bewohner vom Reis abhängt, ist Sri für Bauern die Reismutter. In keinem Acker darf der kleine Altar fehlen, auf dem Déwi Sri zu gewissen Zeiten Gaben dargereicht werden. Déwi Laksmi ihrerseits gewährt dem Menschen Glückseligkeit in geistigen Belangen.

Schiwa, der zerstört und dadurch an den Anfang zurückführt, verkörpert den Gerechtigkeitssinn. Seine Bedeutung läßt sich in den drei ihm zugesprochenen „Gemahlinnen“ erkennen. Déwi Parawati steht Einsiedlern bei, welche in den Wäldern wohnen. Sie verhilft den Eremiten zur Befreiung von weltlichen Fesseln. Da sich aber nur wenige ganz von irdischen Belangen trennen können, werden Schiwa zusätzlich noch Déwi Durga und Déwi Uma zugesprochen. Durga, die Schreckliche, richtet und bestraft die Sünder am Tag des Jüngsten Gerichtes. Weist sich der Verstorbene über mehr Verdienste als Sünden aus, wird er durch Uma, die Göttin umsorgender Liebe, reichlich belohnt. Die Szenen des Jüngsten Gerichtes werden oft in der religionsverhafteten Kunst dargestellt, so z. B. entsprechend der Zweckbestimmung im ehemaligen königlichen Gerichtshof in Klungkung.

Eine auffällige Figur ist die Fratzengestalt Bhoma. In der Mythologie gilt Bhoma als Sohn Wischnus und der „Mutter Erde“. Bauern verehren ihn in ihren Pflanzungen als „Sohn der Erde“. Auf der Außenseite von Tempeltoren verkörpert die schreckerregende Gestalt mit den langen Fingernägeln die Versuchung, welche die Besucher der geweihten Stätte aufrütteln soll: Beim Durchschreiten des Tores passiert der Gläubige bildlich gesehen die Anfechtung; er ist nachher umso geneigter, sich Gott mit dem nötigen Ernst zu widmen.

Auffallend ist es, daß im Gedankengut der Balinesen ungerade Zahlen eine beherrschende Rolle spielen. So weisen beispielsweise die pagodenartigen Méru in den Tempeln 1, 3, 5, 7, 9 oder 11 Dächer auf. Die Bevorzugung ungerader Zahlen kann damit erklärt werden, daß sich der Balinese in jedem Fall eine Einheit als Ausdruck der höheren Ordnung vorstellt. So bildet Schiwa das Zentrum des Universums, dem acht Wächter der Richtungen zugesprochen werden. Die acht Götter, zusammen mit Schiwa als Angelpunkt, gewährleisten die Harmonie in der kosmischen Ordnung. Da der Mensch ein Teil der Schöpfung ist, fühlt er sich in seinem Denken mit diesen Gedankengängen verbunden. So widerspiegelt sich Sang Hyang Widdhi Wasa als „Weltseele“ in der Menschenseele. Im Aufbau des Körpers erkennt der Balinese die Neunereinheit in neun Körperöffnungen und in neun inneren Organen. Nach dem Adat der Fürstenhöfe von Karangasem bilden bei Festmahlzeiten acht Männer eine Essensgruppe, in deren Zentrum die Schüssel mit dem Ritualgericht Lawar steht. Beim Lawar handelt es sich um Blut, ungekochtes Fleisch, geraf-

felte Kokosnuß und Gewürze. Zuerst werden die Adeligen gebeten, eine Gruppe zu acht Personen zu bilden. Erst nachher dürfen sich auch die Sudra formieren. Ist das Essen bereitgestellt, fordert der Gastgeber die Geladenen auf, vorerst die Hände zu waschen und dann zu essen. Nur dem Vorsteher der Achtergruppe steht das Recht zu, den Lawar und die Fleischspießchen zu verteilen; Reis hingegen darf jeder selber schöpfen. Dem einzelnen ist es streng untersagt, seine Gruppe zu verlassen, bevor der Gastgeber die Aufhebung der Tafelrunde bekanntgegeben hat. Der Gruppenvorsteher muß sich bei seinen Kollegen erkundigen, ob auch die anderen ihr Mahl abgeschlossen hätten. Erst dann darf das Zeichen zum Erheben gegeben werden. Jeder einzelne Gast könnte die gemeinsame Runde sabotieren, denn sobald sich ein einzelner erhebt, müssen alle Teilnehmer ihr Mahl abbrechen, weil dadurch die Grundregel der „acht um das Zentrum" und damit die Ordnung und die Harmonie nicht mehr gewährleistet wären.
Ebenso ausgeprägt ist das Verständnis für die „vier um das Zentrum", das sich auf die vier Kardinalrichtungen bezieht. Es spielt im Zusammenhang mit den richtungsabhängigen Farben eine bestimmende Rolle für verschiedene Belange. So werden die Chancen eines Kampfhahnes aus der Farbe seines Federkleides, dem Tag des Wettkampfes und aus der Richtung der Kampfaufnahme abgeleitet. Die fünf Elemente: Wasser, Wind, Feuer, Erde, Atmosphäre können auch im Körperaufbau erkannt werden. Körperflüssigkeiten ihrerseits sind fünffarbig: rot das Blut, weiß die Lymphflüssigkeit, schwarz die Gallensäfte, gelb die Säfte der Bauchspeicheldrüse, während das Wasser als neutral gewertet wird. Fünffarbig sollen die Weihwasser, aber auch die Gaben an die Dämonen sein. Von einem geschlachteten Tier werden fünf Teile den niederweltlichen Wesen dargereicht: Knochen, Blut, Eingeweide, Fleisch und Fett.
Wie die kosmische Ordnung das Leben gewährleistet, so führt deren Störung zum Tod. Die kosmische Ordnung kann durch „links", dem Ausdruck für die Schwarze Magie, umgestoßen werden. Ein Werwolf, Léyak genannt, setzt diese in die Tat um. Im Gedankengut der Balinesen sind Léyak weit fürchterlichere Gestalten als die Dämonen. Letztere gehören zur Weltordnung und bilden den notwendigen Gegenpart zu den Göttern. Anders ein Léyak: Er stellt die extremste Äußerung der einseitig dämonischen Komponente dar. Ihm gelingt es, die kosmische Ordnung auf den Kopf zu stellen und Tod und Verderben über die verunsicherten Menschen zu bringen.
Im Gedankengut der Balinesen stammen Geister vom Tod ab. Begeht ein Inselbewohner Selbstmord oder stirbt er nach einem Unfall, darf der Tote frühestens drei Jahre nach dem Ableben kremiert werden. Während dieser Zeitspanne irrt seine unreine Seele in der Gegend umher, kann sie doch vor der Feuerbestattung ihren Platz weder im Himmel noch in der Hölle finden. Sie macht sich durch Rufe in dunkler Nacht bemerkbar: „Aduuh, aduuh . . ., wa'uh, wa'uh . . .". Die Schreie scheinen aus weiter Entfernung zu kommen, obwohl die Geister sich in unmittelbarer Nähe aufhalten. Einsame Wanderer stürzen entsetzt davon, wenn sie diese Geisterlaute vernehmen. Kastenbewußte Balinesen sind davon überzeugt, daß auch Seelen von Sudra, die sich während ihres Lebens anmaßten, Feiern in der Art der Höherkastigen durchzuführen, lange Zeit ihre Ruhe nicht finden können.
Sollten Angehörige eines Verstorbenen ihren Verpflichtungen bei den Kremationsritualen nur ungenügend nachkommen, wird die Seele des Dahingeschiedenen die Pflichtvergessenen heimsuchen.
Um sich vor Léyak und Geistern zu schützen, wenden sich die Balinesen an einen Balian, d. h. einen Lehrmeister der Weißen Magie. Dieser wirkt als Naturarzt, weiht Amulette und kennt Formeln und Riten, um verderbenbringende Einflüsse von Haus und Hof fernzuhalten. Es gibt kaum einen Balinesen, der sich nicht gegen die Einflüsse der Schwarzen Magie absichert, sei es, daß er über seiner Schlafstätte einen magisch geladenen Stab aufbewahrt, oder einen alten Kris aus dem Familienschatz am Bettpfosten befestigt. Da auch Krankheiten auf übernatürliche Einflüs-

Angehörige der Herrscherfamilie von Karangasem beim Gebet im Familientempel

Darreichen von Weihrauch für die Götter

Oben – an Kuningan in Sakenan

Unten – am Festtag für die vergöttlichten javanischen Ahnen im Grya Gdé, Sanur

se zurückgeführt werden, tragen Gefährdete unter dem Sarong einen Schutzgürtel, den sie vom Balian erstanden haben. Um die Abwehrkraft dieses Gegenzaubers nicht schwinden zu lassen, ist es nötig, an astrologisch günstigen Daten durch Opfergaben und Weihrauch seine Wirksamkeit und damit den Schutz neu zu beleben.

Die Einführung in die Geheimnisse der Magie verdanke ich einem Balian aus Ostbali. Er verwies mich auf die entsprechende Lontarliteratur, in der die Göttin Durga und deren Dienerin Kalika als Lehrmeisterinnen der Schwarzen Magie gelten. Um zu ihrer schrecklichen Begabung zu gelangen, mußte sich die Schülerin der Todesgöttin Kenntnisse von Zauberformeln aneignen. Wird das entsprechende Lehrbuch im Uhrzeigersinn („rechts herum") gelesen, führt es den Leser zum Verständnis der Weißen Magie; im Gegenuhrzeigersinn („links herum") ausgelegt, vermittelt es das Wissen um die zerstörenden Kräfte, die letztlich auf die Todesgöttin zurückgehen. So beziehen sowohl die Balian als auch die Lehrer der Schwarzen Magie ihre Kenntnisse aus derselben Quelle! Hexenmeister als auch Léyak sind überwiegend Frauen, da diese der Todesgöttin und ihrer Dienerin näherstehen als Männer. Der Wunsch, ein Werwolf zu werden, kommt meistens von Bittstellerinnen, die sich in Schwierigkeiten befinden und sich von Feinden bedroht fühlen. Durch das Studium der Schwarzen Magie hoffen sie, ihre gemeinen Gegner mit ähnlich perfiden Mitteln zu schlagen oder mißliebige Personen zu schädigen.

Ein Mensch kann auf verschiedene Arten zum Werwolf werden. So erlaubt es der Erwerb eines Gürtels mit magischer Ausstrahlungskraft dem Träger, als Léyak zu wirken. Unerläßlich ist es, die magische Kraft durch bestimmte Handlungen zu erhalten. So soll der Gürtelträger von Zeit zu Zeit beim Zenitstand der Sonne seine Zähne putzen und die Haare mit Kokosöl einreiben.

Andere Werwolf-Aspiranten gelangen durch Selbststudium und Konzentrationsübungen im Tempel des Todes zu den Kenntnissen der Hexerei. Auf dem Friedhof bittet die Anwärterin die Dämonen der Finsternis, die Augen aller Menschen zu schließen, um dann unbeobachtet folgenden Zaubervers zu sprechen:

ONG, Durga, Brahma, Dämon des Feuers!
Verwandelt mich in das, was ich zu sein gedenke!
ONG, Brahma, mach mich zu dem, was ich auch immer zu sein wünsche!
Der Gott der Hölle durchdringe mich!
Er mache mich so kräftig wie das Feuer, das aus dem menschlichen Körper stammt!
Es möge in mein Herz dringen, damit mein Zaubervers wirksam sei!
ONG, heiliger Gott des zerstörenden Feuers!
Der Zorn Brahmas trete in meine Wirbelsäule ein,
Und dringe längs dieser zur Fontanelle empor,
Und erfülle die Atmosphäre!
Aus all meinen Gelenken sprühe das Feuer!
Alle Menschen werden mir gehorchen,
Und auch die Götter werden mir nicht widerstehen können!
Die Menschen werden besiegt!
So komm heraus, Kraft des Feuers!

Nach dem Rezitieren dieses Textes fühlt sich die Schülerin so stark magisch geladen, daß sie als Léyak zu wirken fähig ist.

Falls die Schülerin für die Einführung in die Schwarze Magie eine Hexenmeisterin beizieht, erfolgt die Unterweisung zur Nachtzeit im Tempel des Todes und auf Straßenkreuzungen, wo Durga durch eine ihrer Erscheinungsformen den Lehrlingen beisteht. Das letzte und geheimnisvollste Ritual wird vor einem Altar unter dem Rand eines Hausdaches vollzogen. Als Ausdruck der Umkehrung der Weltordnung müssen Lehrerin und Schülerinnen mit offenen, nach vorn gekämmten Haaren vor den Bambusschrein treten. Augen und Gesicht sind teilweise verdeckt. Der Sarong, der den Frauen normalerweise bis zu den Knöcheln reicht, muß über die Knie hochgezogen werden. Seine Farbe ist schwarz, während die Brust mit einem weißen Tuch umhüllt ist. Vor dem Hauptritual vergewissern sich die Versammelten, daß sie bei ihrem heimlichen Tun nicht beobachtet werden. Dann fächeln sie den Duft der auf dem Altar liegenden Opfer der Gottheit, die Essenz der auf dem Boden liegenden Gaben Dämonen zu und beten anschließend. Damit die Kraft der magischen Verse (mantra) die Schülerinnen durchdringe, beugt sich die Hexenmeisterin über die Köpfe der knienden Mädchen und flüstert den machtvollen Mantra in deren Fontanelle. Dann erheben sich die Kandidatinnen, stehen dabei aber nur mit dem rechten Fuß auf dem Boden; der linke muß gehoben und abgedreht werden. Mit Armen und Händen führen die Versammelten verzückte, beschwörende Bewegungen aus. Nach dreimaligem Umschreiten des Altars im Uhrzeigersinn haben sie die Fähigkeit, als Léyak zu wirken.

Zwei verschiedene Gruppen von Léyak werden unterschieden: gestaltlose und körperliche. Werwölfe, die als Schwein, Affe, Hund usw. herumgeistern, wirken in der Gestalt, die der Magier auf den Léyakgürtel gezeichnet hat, oder in der Form, die sich Autodidakten nach langen Konzentrationsübungen gewünscht haben. Zur Schaffung körperloser Léyak sind entweder Kenntnisse entsprechender Mantra oder die Hilfe eines Magiers unerläßlich. Der Hexenmeister verbrennt dabei einen Léyakgürtel, und der Schüler hat die Asche zu verschlucken. Zum Selbstschutz schirmen sich die Träger von Léyakgürteln mit einem Amulett ab. Wohl vermag ein Werwolf kaum direkt zu töten, doch kann er dank seiner magischen Ausstrahlung Personen infizieren und psychisch verunsichern.

Zu den Léyak, in deren Macht es steht, Krankheiten über die Menschen zu bringen, zählt der Bebai. Bebai werden als „Kinder" von Eltern ausgegeben, die beide Léyak sind, und treten als Enten oder Mäuse auf. Die „Mutter" des Bebai bewirkt, daß der Geist ihres „Kindes" von einer Person Besitz ergreift und diese krank macht. Kein Arzt soll diese Umnachtung heilen können. Ein Balian hat mir anvertraut, daß es ihm gelinge, die durch den Bebai Heimgesuchte daran zu erkennen, daß aus dem längsgespaltenen Fingernagel des Zeigefingers Blut tropfe. So weiß der Meister der Weißen Magie um die Ursache der psychischen Erkrankung und er versucht, die Frau mit Hilfe gezielter Gegenkräfte zu heilen.

Zu den Léyak höheren Gefährlichkeitsgrades gehört der Blegodo, dessen Wirkungsweise derjenigen Drakulas vergleichbar ist, würgt doch dieses Scheusal Menschen zu Tode. Auch der gestaltlose Pudak Setegal stiftet viel Unheil. Während der Nacht narrt er vorerst die Menschen mit seinem wohlriechenden Duft, doch kurz darauf verwandelt sich dieser in einen ekelerregenden Gestank. In der Folge entweicht der Erde Rauch und aus einer Spalte tritt der Glatzköpfige hervor, der – was immer er sieht – schädigt: Pflanzen, Tiere und Menschen. Werwölfe mögen auch in der Gestalt eines mageren Köters, eines schmutzigen Huhnes, eines Spiegels, Kremationsturmes, Motorrades oder Flugzeuges auftreten.

Zu den schlimmsten aller Léyak zählt Siwa Sempurna. Er sitzt auf einem Lotosthron aus purem Gold, der von Drachen bewacht wird. Seine sanfte Stimme gleicht dem Läuten einer Priesterglokke. Wo immer Siwa Sempurna auftritt, stiftet er Streit und versucht, seine Feinde umzubringen. Sind sich die Gegner ebenbürtig, soll es – wie z. B. 1974 in Renon – zum Kampf auf Biegen und Brechen kommen.

Nach balinesischer Auffassung besteht der Mensch aus dem Körper und der Seele, die in ihrem Zusammenwirken das Gefühl schaffen. Schlafen wir, so ruhen Körper und Seele. Das Gefühl aber verläßt den Schlafenden durch seinen halbgeöffneten Mund und geht auf Wanderung. Seine Erlebnisse nimmt der Ruhende in Form von Träumen wahr. Verlassen Seele und Gefühl gemeinsam den Menschen, so stirbt er, denn sein Leib ist dann unbeseelt und gefühllos. Während schwerer Unwetter, in dunkler Tropennacht, zur Geisterstunde, während der Dämmerung können die Gefühle, denen vom Hexenmei-

---

Seite 94 – Von früher Kindheit an werden Balinesen ins Gemeinschaftserleben miteinbezogen

Seite 95 – Nach dem Gebet warten Mutter und Kind auf die Einsegnung mit Weihwasser

ster magische Kräfte zugesprochen worden sind, Körperform annehmen, in der Form der beschriebenen Gestalten umherirren und die Menschen erschrecken.
Doch nicht jedermann muß die Léyak fürchten. Ein heißblütiger Mensch, der leicht aufbraust und „weder Tod noch Teufel fürchtet", wird von den feigen Léyak gemieden. Werwölfe suchen nur empfindsame, ängstliche Menschen heim. Doch auch sie sind diesen Scheusalen nicht schutzlos ausgeliefert. Geistert beispielsweise ein leiblicher Léyak durch die Gegend, werden die vom empfindsamen Menschen ausgestrahlten Wellen vom magischen Tuch des Léyakträgers reflektiert. Dadurch wird der Werwolf wahrnehmbar, und der Heimgesuchte kann auf die Geistererscheinung einstechen oder einschlagen. Dabei mag diese an Ort und Stelle verletzt oder getötet werden. Schlägt ein Balinese einen körperlosen Léyak, erwacht dessen Träger am nächsten Morgen mit entsprechenden Schmerzen: nach einem Schlag auf den Hals mit einer Nakkenstarre, nach einer Ohrfeige mit Kopfschmerzen. Durch seine Träume weiß der Betroffene um die Ursachen seiner Beschwerden, und er kennt den Täter. Mit entsprechenden Gaben muß der hinter dem Léyak Stehende seinen Widersacher um Entschuldigung bitten und ihn um Nachsicht ersuchen.
Nicht zu den Léyak, wohl aber zu den geisterähnlichen Erscheinungen zählen verschiedene absonderliche Figuren, die Spaß daran finden, Menschen zu erschrecken. Diese Gestalten treiben ihr Unwesen vor allem in den Tempeln der Todesgöttin und suchen Gläubige heim, die während Kulthandlungen weltlichen Gedanken nachhängen. Einer der Geister besteht lediglich aus menschlichen Armen und einem Gesicht, ein anderer aus den Gedärmen, ein dritter aus den Beinen. Der Kemangmang weist einen Kopf auf, der an einem Arm von einem Ast herunterhängt oder direkt den Beinen aufgesetzt ist. Abergläubische erschreckt er durch Sprechen, Pfeifen und Singen. Der Anja-Anja Sungsang geht auf den Händen und streckt seine Füße nach oben. Bestimmte Geister halten sich nur am Wasser auf, andere finden Gefallen daran, kleine Kinder zu entführen. Viele Balinesen behaupten, Régék Tunggék begegnet zu sein. Von vorn betrachtet ist dieses Wesen ein bildhübsches Mädchen mit langem, ebenholzschwarzem Haar. Dreht sich Régék Tunggék um, sind die inneren Organe sichtbar, weist doch die Rückseite der „Frau" weder Haut noch Knochen auf. Régék Tunggék gilt als die Seele einer Frau, die während der Schwangerschaft gestorben ist. So lange ihre Seele ihre Ruhe nicht gefunden hat, narrt sie die Männer.
In der Folge seien einige Beispiele der Weißen und Schwarzen Magie beschrieben. Mit Hilfe der Schwarzen Magie gelingt es einer Balinesin, den Gemahl ihrem Willen zu unterwerfen und ihn hörig zu machen. Während des Nachtessens verschluckt sie ein kleines, unzerkautes Knoblauchteilchen. Am nächsten Morgen klaubt sie den unverdauten Knoblauch aus den Fäkalien und mischt ihn unter die Gewürze, die sie ihrem Gemahl zusammen mit den Speisen vorsetzt. In der darauffolgenden Nacht muß die Ehefrau dreimal über den Schlafenden hinwegschreiten. Von nun an wird sich der Ehemann allen Wünschen seiner Gattin fügen. Falls sich der Gemahl seiner Hörigkeit bewußt wird, kann er einen Balian um ein Purifikationsritual bitten und sich so von seiner verhängnisvollen Abhängigkeit lösen. Als Beispiel der Weißen Magie sei das Abwenden von Regen erwähnt. Bei Kremationen, Tempelfesten usw. ist Regen unerwünscht. Deshalb wenden sich Bittsteller einige Wochen vor dem entsprechenden Datum an einen Mitmenschen, in dessen Macht es steht, das Wetter zu beeinflussen. Um die Wirksamkeit des Zauberverses zu steigern, müssen dem Sonnengott Weihegaben dargeboten werden. Beim Ritual zur Beschwörung des Regens spielt das Feuer die entscheidende Rolle. Die Menge des verwendeten Brennmaterials hängt von der gewünschten Dauer des Regenausfalles ab. So bietet z. B. ein Liter Kokosöl die Gewähr für einen regenfreien Tag. Eine Ölschüssel mit brennendem Docht in der Hand haltend, spricht der Regenstopper folgende magische Formel:

Stellt Euch vor, daß ich die höchste Verkörperung des Windes bin,
Hervorgegangen aus der Sonne!
Die Finsternis wird in Fetzen gerissen,
Aus denen der Wind zum Vorschein kommt.
Da erscheint der Gott Wind!

Vom Berg herunter leuchte Du, gelbes Feuer!
Leuchte Du, weißes Feuer!
Leuchte Du, schwarzes Feuer!
Erhelle den Himmel!
Es blase der Wind!
Erhelle, erhelle, erhelle!

Im Gegensatz zum Regenstoppen muß das Regenherbeiwünschen der Schwarzen Magie zugerechnet werden, versucht doch dabei ein Regenmacher, durch Niederschläge die Feier eines unbeliebten Nachbarn zu stören.
In einem der Lontarbücher ist festgehalten, wie man dank der Kenntnisse der Schwarzen Magie jemanden krank machen kann. Der Sprechende hat sich beim Flüstern des Mantra voll und ganz auf die verwunschene Person zu konzentrieren. Zwei Verse dieser Verwünschungsformel seien hier angeführt:

ONG, Gott des heiligen Blitzes!
Schwinge Deine goldene Peitsche,
An deren Ende Flammen züngeln!
Triff – willkommen sei Deine geliebte Seele –!
Und vernichte... ganz, vernichte... ganz, vernichte... ganz!
Falls... überhaupt noch lebt,
So soll... hundert Jahre verrückt sein!
Möge Gott meinem Mantra Kraft verleihen!

So wie man mit Hilfe der Schwarzen Magie jemanden verdammen kann, so vermag sich der belesene Balinese dank seiner Kenntnisse der Weißen Magie vor Heimsuchungen zu schützen:

He, Du, Léyak!
Mach dich auf den Heimweg!
Suche Deinen Gebieter auf und friß ihn!
Denn ich bin ein guter Lehrmeister!

Dieser Zaubervers wird über einem Glas Wasser gemurmelt. Die vom Léyak besessene Person muß anschließend das magisch geladene Wasser trinken und fühlt sich dadurch gestärkt. Glaubt sich ein einsamer Wanderer von unsichtbaren Léyak bedroht, ergreift er einen Stein, dem durch das Rezitieren entsprechender Zauberverse magische Kräfte verliehen worden sind, und schleudert diesen wuchtig gegen seinen vermeintlichen Widersacher.

Barong und Rangda

Wie wir gesehen haben, stellt sich der Balinese vor, daß das Universum von entgegengesetzten Polen beherrscht werde. Solche Gegenspieler sind auch Barong als Ausdruck der Weißen Magie und Rangda, die Verkörperung der Schwarzen Magie.
Der Ursprung der beiden Figuren ist unklar. Manchmal werden Barong chinesische Einflüsse zugeschrieben. Nach der Überlieferung soll Rangda, die Urhexe, auf geschichtliche Belange Bezug nehmen. Das Wort „rangda" bedeutet „Witwe". Damit sei die Mutter König Erlanggas gemeint, die als javanische Prinzessin mit ihrem balinesischen Gemahl Udayana zur Jahrtausendwende über Bali regiert habe (vgl. Seite 13).
Udayana soll seine Gattin der Ausübung magischer Praktiken bezichtigt haben. Andere bezeichnen die Königin der Hexen als Verkörperung der Todesgöttin, Barong hingegen als Schutzgeist, der die Dorfbewohner vor nicht purifizierten Seelen Verstorbener, Dämonen und Geistern abschirmt.
Rangda wird durch eine schreckerregende Maske mit aufgerissenen und weit hervorquellenden Augen dargestellt. Schneidezähne und Eckzähne sind übergroß. Die flammende Zunge und die Brüste baumeln bis auf die Oberschenkel hinab. Die Finger weisen dezimeterlange Nägel auf. Die fast bis auf den Boden reichenden und über das Gesicht fallenden Haupthaare bestehen aus Vogelfedern und flattern im Wind. Um den Nacken trägt Rangda eine Halskette aus Nachahmungen menschlicher Eingeweide.

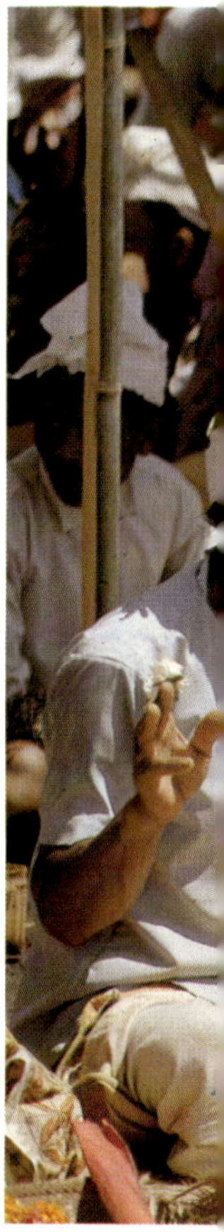

Rechts und unten – Prozession zur rituellen Reinigung heiliger Gerätschaften

Mitte – Laienpriester führen die Opferhandlungen durch

Oben – Erschöpftes Mädchen auf dem Heimweg
Links – Männer in Trance richten die Krise gegen sich

Barong kann verschiedene Gestalten annehmen. Die am häufigsten anzutreffende Form erinnert an einen „chinesischen Löwen". Andere Barongfiguren stellen Tiger, Wildschweine, Elefanten, Riesen usw. dar. Im Gegensatz zur Rangda-Figur, die nur von einem Darsteller belebt wird, sind es zwei Männer, die in das Barongkostüm schlüpfen. Die Holzmaske weist einen beweglichen Unterkiefer auf, mit dem der Vordermann Klappergeräusche erzeugen kann. Der zweite Darsteller steuert das Hinterteil. Den Bewegungen entsprechend kann der normalerweise durchhängende mittlere Körperteil verlängert oder verkürzt werden. Er besteht aus Stoff und ist mit Fasern der Ananaspflanze oder mit Vogelfedern überzogen. Ledersättel bedecken Gesäß und Schultern. Auffallend ist der hochgebogene Schwanz, der mit Goldlamellen verziert und mit Spiegelchen überklebt ist. Kleine Glöcklein hängen daran. Beim Löwen-Barong ist die magische Kraft im blumengeschmückten Bart aus Menschenhaar konzentriert.
Viele Gemeinschaften besitzen Kostüme und Masken beider Figuren. Da diese magische Kräfte ausstrahlen, werden sie oft im Tempel des Todes außerhalb des Dorfes aufbewahrt. Sie liegen in einem Korb, eingewickelt in Tücher, welche die Ausstrahlungen abschirmen sollen. Barong- und Rangdafiguren werden nur bei besonderen Anlässen hervorgeholt. Bei der Weihe im Todestempel werden die Masken und Kostüme enthüllt und die Wirksamkeit der beiden Gegenspieler erneuert.
Eine eindrückliche Feier findet am Weihetag des Pura Petilan in Kesiman statt. Von allen Seiten treffen im Verlaufe des Nachmittags Prozessionszüge mit Barong- und Rangdamasken im Tempel ein. Nicht nur die Begleiter, sondern auch die Barongfiguren haben der Gottheit der geweihten Stätte vorerst die Ehre zu erweisen. Nach dem feierlichen Empfang der Götter und der Verteilung von Weihwasser an die Gläubigen werden Barong und Rangda geweiht. Dabei wartet die Menge vertrauensvoll und eingeschüchtert zugleich auf ein Zeichen der magischen Ausstrahlungskraft Barongs. Bleibt diese längere Zeit aus, wird das Gemurmel der Wartenden lauter, denn man fürchtet um die Gegenkraft zur Königin der Léyak. Würde der Beweis der Wirksamkeit ausbleiben, wären die Figuren wertlos und müßten durch neue, kraftvollere ersetzt werden.
Nach dem gemeinsamen Schlußgebet erhebt sich Barong und bahnt sich den Weg durch die kauernde Menge zum Tempeltor. Einzelne Männer schnellen auf und verlangen von Barong, er möge sich offenbaren. Schrille, immer schneller sich folgende Rufe: „Barong, Barong!" gellen durch den Tempelhof. Die Begleiter Barongs erheben sich vom Boden. Im Getümmel stürzen sich einzelne auf die magische Figur, um sie zu betasten. Hastig atmend verlieren einige ihre Sinne. Sie stöhnen und sprechen in Zungen. In diesem Augenblick nähert sich Rangda, deren Träger wie viele andere ebenfalls in Trance fallen und zum Tempeltor torkeln. Frauen, Männer und Kinder werden von der Massenhysterie befallen. Ein fürchterliches Chaos herrscht im Tempel. Tempelpriester besprengen mit Hilfe großer Besen die aufgescheuchte Menge mit geweihtem Wasser und schwingen ihre Weihrauchgefäße. Mitten im unübersichtlichen Gedränge greifen Waffenträger aller Altersstufen zu ihren Krisen und stoßen diese unter nervösen Zuckungen gegen die Brust. Die Beine sind dabei gespreizt, der Oberkörper weit zurückgebeugt. Manchmal ist die Kraft der in Trance Handelnden so groß, daß die Stahlklingen brechen. Die Muskeln der in Trance Gefallenen sind aber derart hart, daß die Kristräger meistens unverletzt bleiben. Im Gegensatz zu den von Barong und Rangda Besessenen verharren bestimmte, als Kontaktpersonen zu Gott wirkende Alte wie versteinert in der Nähe des Tempeltores.
Anschließend begeben sich die Prozessionsteilnehmer über die Treppe in den Tempelvorhof und umschreiten die Hahnenkampfhalle dreimal im Gegenuhrzeigersinn. Träger von Gottbehältnissen, Laienpriester, Frauen und Kinder, Kristänzer in Trance, mitten drin die Hexe Rangda, bewegen sich langsam vorwärts. Beim Durchschreiten des Tempeltores verstärkt sich die Trance. Wilder pressen die Besessenen die Krise

gegen ihre Brust. Manche gestikulieren aufgeregt. Die Situation ist nun derart gespannt geworden, daß Besonnene die in Trance Gefallenen zu entwaffnen versuchen. Dies läßt sich aber nur mühsam bewerkstelligen, denn die Kristräger wehren sich verzweifelt und zerreißen dabei Kleider und Armbänder. Ohne Waffen zittern sie, brechen in Schweißströme aus, weinen und wimmern. Einer springt verzweifelt auf und läßt sich steif auf den Rücken fallen. Blut fließt aus Wunden, die sich Kristräger beim Sturz zugezogen haben. Doch der Erschöpfungszustand dauert nur kurze Zeit. Plötzlich durchströmen neue Kräfte die Besessenen. Sich aufbäumend verlangen sie nach ihren Krisen, die ihnen meistens wieder ausgehändigt werden. Nach dreimaligem Umgang betreten die Teilnehmer erneut das heiligste Tempelgeviert. Nun ist das Einschreiten der Tempelpriester unumgänglich. Mit Hilfe von geweihtem Wasser und Weihrauch gelingt es ihnen, die Tobenden aus dem Trancezustand zu erlösen. Inzwischen hat ein beruhigender Tanz eingesetzt, bei dem Frauen – manchmal auch Männer – Opfergaben darreichen. Erleichtert atmen die Gläubigen auf: Die Ausstrahlungskraft Barongs ist belegt. Wie könnte man es sich sonst erklären, daß einfache Dorfbewohner in eine andere, höhere Bewußtseinssphäre vordringen? Zufrieden werden die magischen Figuren ins Dorf zurückgeführt, wo sie weiterhin das Leben beeinflussen.

Barong- und Rangdafiguren werden auch an Nangluk Merana-Zeremonien mitgeführt. Die Prozession findet während der Regenzeit statt und hat in erster Linie zum Ziel, Schädlinge von den Pflanzungen fernzuhalten. Die Feier muß am Wasser abgehalten werden. Manchmal sind es einzelne Banjar, dann wieder Bewohner ganzer Regionen, die mit ihren Tempelpriestern den Weg ans Meer unter die Füße nehmen und dort Gottbehältnisse, wie auch Barong- und Rangdamasken aufstellen. Im folgenden sei eine kleine Feier am Strand von Sanur beschrieben. Rund hundert Angehörige des Banjar Bun aus Dénpasar haben nach mehrstündigem Marsch am Abend den Küstensaum erreicht. Nahe dem Wasser werden grüne Zuckerrohre und heilige Fahnen in den Sand gesteckt, weiter landeinwärts die Masken von Rangda, Barong und einem weißen Pferd aufgestellt. Drei Tempelpriester setzen sich neben die magischen Figuren, während sich die übrigen Banjarangehörigen im Halbkreis niederlassen. Von Zeit zu Zeit erheben sich einzelne Frauen, begeben sich mit Opfergaben ans Wasser und händigen sie nachher den Laienpriestern aus, die sie vor den drei Figuren sorgfältig ausbreiten. Dann wird das Wirkungsvermögen der magischen Figuren unter Beweis gestellt. Um von der Ausstrahlung der Urhexe erfüllt zu werden, legt sich der Rangda-Darsteller einen Schal aus der Maske um und zieht die Handschuhe mit den überlangen Fingernägeln an. Daraufhin bekleidet sich auch der für Barong Verantwortliche. Beide Männer fallen nach der Maskierung in Trance. Ihre Hände zittern. Auffallend ist ihr ruckweises Atmen. Vorerst sind noch einige der ausgestoßenen Worte verständlich; dann geht die Sprache in Lallen, später in Wimmern über. Die Erregung ergreift nun auch die Zuschauer. Ein Jüngling stürzt sich auf die glühenden Kokosfasermäntel, die in Tonschalen glimmen. Mit beiden Händen reibt er die Glut über den entblößten Oberkörper. Beherzte Männer stürzen sich auf den „Irren“ und entreißen ihm den brennenden Fasermantel. Der in Trance Handelnde bleibt unverletzt; seine Befreier aber tragen Brandwunden davon. In den hinteren Reihen erhebt sich ein Bursche, torkelt und fällt darauf in Ohnmacht. In der Nähe von Barong schreit ein Mann gellend auf. Sein Mund schäumt. Zuckungen erschüttern den Körper – Symptome, wie sie bei Epilepsie auftreten. Drei Frauen fallen in Ohnmacht und müssen von ihren Nachbarinnen gehalten werden. Während Barong zum Wasser marschiert, tragen neun Frauen und ein Mann Opfergaben ins Meer. Einem Huhn wird die Kehle durch-

---

Seite 102 – Einladung an die Götter, ihren Sitz über dem Gunung Agung zu verlassen
Seite 103 – Ritueller Willkommenstanz für die ankommenden Götter

schnitten und das austropfende Blut den Dämonen geweiht. Drei Enten werden als Gabe an den Riesendämon von Nusa Penida lebend, aber mit zusammengebundenen Füßen weit ins Meer hinausgeschleudert. Dann rüstet sich die Gemeinschaft ruhig zum Aufbruch. Während der Prozessions-Zug mit den magischen Figuren in der Dämmerung entschwindet, fressen Hunde die den Dämonen geweihten Opfergaben.
Barong Landung sind gegen 3 m große Puppen. Die schwarze, männliche Figur erinnert die Balinesen an den Riesendämon, der auf der Insel Penida haust. Seine ebenso große Gefährtin ist eine häßliche, alte Frau mit stark vorstehender Stirn und überlangem Unterkiefer. Die Riesenpuppen werden von Männern getragen, die durch Augenschlitze auf Hüfthöhe der Figuren schauen. Barong Landung-Prozessionen finden dann statt, wenn Seuchen ein Dorf bedrohen oder heimsuchen. Bei dieser Gelegenheit tanzt das häßliche Paar auf verschiedenen Plätzen des Dorfes zur magischen Abwehr von Epidemien.
Im Monat nach den Galungan-Feiertagen sind Barong-Umzüge besonders häufig. Sie begeben sich von Hof zu Hof und werden von einem Orchester begleitet. An diesen Tagen ist es dem Banjar erlaubt, um Geld von den einzelnen Familien zu bitten. Als Dank für die Gaben tanzt Barong vor den Häusern der Spender und versichert sie seines Schutzes. Auffallend ist das Fehlen von Rangda und Barong in den Dörfern von Bali Aga und Lombok, was darauf hindeuten mag, daß die beiden magischen Gegenspieler erst seit relativ kurzer Zeit in Bali bekannt sind.

Trancetänze

In Fällen der Bedrohung sucht der Balinese den Kontakt zu Gott. Eines der Mittel zur Erreichung einer höheren Kontaktsphäre ist die Trance. In diesem Zustand sind die Personen Medien, durch die sich Gott oder die vergöttlichten Ahnen an die Gläubigen wenden. Bei Tempelfeiern äußert sich die Besessenheit darin, daß plötzlich Personen in Zungen zu sprechen beginnen oder verzückt um die Altäre tanzen. Auch beim Darbringen von Blutopfern können die Spender in Trance fallen. Sie opfern Küken, indem sie den Tieren den Kopf abbeißen. Manchmal wird das Hühnchen mit einem Kris geköpft, wobei Zuschauer oder Opfernde in Verzückung fallen und bebend auf dem Boden liegen bleiben. Um die Besessenen aus ihrem Zustand zu befreien, genügt es oft, diese mit Weihwasser zu benetzen.
Bei den Trancetänzen handelt es sich einerseits um sakrale Trance, anderseits um derbes Volksgut. Im Bauerndorf Jangu (Ostbali) finden die Darstellungen auf dem Dorfplatz statt. Die Medien stellen oft erdgebundene Erscheinungen dar. So können sie beispielsweise als Schwein, Affe oder Schlange handeln. Ihre Verkleidung ahmt das Aussehen der entsprechenden Tiere nach. Für die Dorfbewohner sind Trancetänze nichts Außergewöhnliches. Seit Generationen haben sie sich daran gewöhnt, daß der Mensch durch einfache Vorgänge eine andere, höhere Bewußtseinssphäre erreichen kann.
Gewisse äußere Bedingungen sind nötig, damit das Medium in Trance fallen kann. Es muß dunkel sein; es darf nicht regnen, und der Tänzer oder die Tänzerin muß rituell rein sein. Aus dem Dorf Bona ist ein Fall bekannt, wo der Feuerreiter, der durch den Tod eines Angehörigen unrein geworden war, sich während des Tanzes im Feuer schwere Brandwunden zuzog.
Da das Versetzen in Trance durch den Kontakt mit Gott ermöglicht wird, werden die begleitenden Lieder nicht in der Alltagssprache der Bauern, sondern in Alus gesungen. Diese dem Altjavanischen verwandte Sprache gebraucht der Balinese, wenn er sich mit Angehörigen der Priesterkaste und des Adels unterhält, aber ebenso wenn er sich an Gott wendet. Einige der Lieder sind kleine poetische Meisterwerke. Das verwendete Vokabular, gewisse Versformen und bestimmte Formulierungen lassen erahnen, daß mindestens ein Teil der Trancelieder höfischen Ursprungs ist. Trancetänze finden im erwähnten Dorf bei Neumond und Vollmond jedes Monats statt. Sollten Epidemien die Gegend bedrohen, können die

unheilvollen Dämonen durch solche Aufführungen beschwichtigt werden. 25 Tage nachdem die Signaltrommel geschlagen worden ist, sind die Dorfbewohner verpflichtet, Medien in Trance zu versetzen. Trancetänze werden auch im Anschluß an Feiern zu Ehren der Seelen Verstorbener durchgeführt; andere wiederum sind als Fruchtbarkeitsriten aufzufassen und stehen in Verbindung mit Bitten an Déwi Sri.
Es gibt acht Männer im Dorf, die fähig sind, Trancetänze zu leiten. Bei meinen Untersuchungen war ein ungefähr 40 Jahre alter, einfacher Reisbauer für das Versetzen in die höhere Bewußtseinssphäre verantwortlich. Wesentliche Voraussetzung für das In-Trance-Fallen ist das Einatmen von Rauch. Zu diesem Zweck wird ein Feuer entfacht, über welches sich das kauernde Medium neigt. Durch die zu einem Trichter geformten Hände atmet es den Rauch ein. Kurz vor der Entrückungsphase klatschen die Zuschauer in rascher Folge in die Hände. Daraufhin setzt der Gesang ein. Es sind ruhige, einfache Melodien. Die Worte geben dem Medium Hinweise über die Gestaltung des Tanzes. Nach einer kurzen Zeit der Benommenheit erhebt sich das Medium und beginnt seinen Tranceakt.

Die Anwesenheit einer großen Menschenmenge ist unerläßlich. Sie muß den Platz umgeben, gilt es doch, ein Ausbrechen des Tänzers zu verhindern. Die Dorfbewohner erzählen von einem Medium, das als Wildschwein wirkte und entkommen konnte. Zum Verdruß der Bauern zerwühlte es die Gärten und fraß das Gemüse. Erst am folgenden Morgen gelang es der erregten Dorfbevölkerung, sich des „Wildschweins“ zu bemächtigen und das Medium nach langen Bemühungen aus der Trance zu befreien.
Ärzte, welche die Medien untersuchten, bemerkten, daß sich die Körperphysiologie nach dem In-Trance-Fallen ändert. So sind keine Pupillen- und Gliederreflexe mehr wahrnehmbar. Der Muskeltonus ist anomal groß, was sich in angeschwollenen Muskelpartien äußert. Die Pulsfrequenz steigt stark an und beträgt eine halbe Stunde nach Abschluß der gegen 45 Minuten dauernden Vorstellung immer noch über 120 Schläge pro Minute.
Spektakulär ist der Tanz des Feuerreiters. Der zwanzigjährige Serija, ein scheuer Reisbauer, wirkt erstmals als Feuerreiter. Ein „Steckenpferd“ aus Lianen, mit grünem Blätterwerk geschmückt, wird an das Medium gebunden, das, Reiter und Pferd zugleich, mit geschlossenen Augen hinter der Hofmauer hervor galoppiert und geradewegs auf den Feuerplatz zustürmt. Erstaunlich die Verwandlung! Der sonst so zurückhaltende Serija wird zum nervösen Wildpferd, das mit beängstigender Geschwindigkeit in das Feuer galoppiert. Seine Füße stampfen auf die glimmenden Fibermäntel der Kokosnüsse. Funken stieben, wenn der Feuerreiter die Glut zertrampelt. Bei seinem wilden Ritt strauchelt Serija und fällt ins Feuer. Er wälzt sich darin und rappelt sich wieder auf. Funken brennen Löcher in die Sarong nahe stehender Zuschauer.
Voraussetzung für den Feuertanz ist vollkommene Dunkelheit. Weder Taschenlampen noch glimmende Zigaretten dürfen den Feuerreiter stören. Lichtreize wirken auf das Medium wie das Feuer. Leuchtet eine Lampe auf, donnert das Pferd auf die neue Lichtquelle zu, da es diese für ein Feuer hält. Wenn nach einer guten halben Stunde alle Glut zertreten ist, wird im 300 m entfernten Wohnhaus des jungen Reisbauern eine starke Lampe angezündet. Bereitstehenden Helfern gelingt es, den darauf Losstürmenden nach heftigem Kampf zu überwältigen. Er wird wie ein Pferd gehalten, gestreichelt und beruhigt. Geweihtes Wasser wird über den schweißüberströmten Körper gegossen. Allmählich kommt Serija wieder zu sich.
Umstehende sprechen dem Erschöpften zu und beglückwünschen ihn zu seinem ersten, erfolgreichen Feuerritt. Die Gesichtszüge entspannen sich und der Muskeltonus normalisiert sich langsam. Ein glückliches Lächeln strahlt aus dem Gesicht des Tänzers. Mit Opfergaben wird Gott der Dank dafür ausgesprochen, daß auch diesmal das Medium den Feuerritt unverletzt überstanden hat. Freimütig gibt Serija Auskunft über die für ihn selbstverständlichen Trance-Erlebnisse. Seine

Schlagen der Schlitztrommel. Nach der Beschwichtigung der Dämonen mit Blutopfern führen von einem Ritualorchester begleitete Mädchen die Gläubigen in den Tempelinnenhof, wo die Gemeinschaft den Gottheiten die Reverenz erweist

Unten – Erinnerung an die Megalithkultur: Gaben an die Batu Aya in Mengwi

Füße sind rußgeschwärzt, doch ohne Spuren von Brandwunden. Weder am Rumpf noch an seinen Gliedern sind Brandblasen erkennbar. Um Infektionen vorzubeugen, werden die blutenden Beinwunden, die er sich beim Fallen zugezogen hat, desinfiziert. Große Ermüdung überfällt das Medium erst am nächsten Morgen. Die Erschöpfung kann dann so groß sein, daß der Mann für einen Tag arbeitsunfähig ist.

Handelt das Medium als Affe, wird ihm eine Perücke aus Fasern der Enaupalme über den Kopf gestülpt und ein langer Schwanz aus Lianen umgebunden. Nach dem Einatmen des Rauches beginnt der Tänzer affengleich im ungefähr vier Aren großen Geviert umherzuhüpfen. Sein Gesicht hat die menschenähnlichen Züge verloren. In seiner Fratze scheinen die Zähne länger geworden zu sein. Die Knochen des Unterkiefers stehen hervor. Mit der Behendigkeit eines Affen klettert das „Tier“ auf ein eigens zu diesem Zweck errichtetes Gerüst aus Bambus und schüttelt es wild. In traumwandlerischer Sicherheit schwingt es sich von Rohr zu Rohr und hält sich dabei lediglich mit einer Hand und den Zehen fest. Mit geschlossenen Augen ergreift der „Affe“ die dargereichten Bananen und rohe Süßkartoffeln, zerreißt sie mit seinen Zähnen und verschlingt das Fressen gierig. Zum Dank für das Futter laust er den Spender.

Beim Tanz mit einem an der Rechten festgebundenen Deckel geht es darum, daß das Medium blindlings Tische und andere Hindernisse ortet und sich, mit dem Deckel darauf abstützend, in einer Flanke akrobatisch darüber hinweg schwingt.

Erstaunlich sind auch die Leistungen des Kérék-Tänzers. Ihm ist eine Bambusschlinge um den Kleinfinger gebunden worden. In Trance sucht das Medium mit geschlossenen Augen auf dem Platz liegende Holzscheiter und trägt diese über 10 kg schweren Hölzer mit der Kraft des Kleinfingers an einem Haken ins Zentrum, wo es sie aufstapelt.

Durch Einwirkung eines Dämons kann das Medium zum Wildschwein werden. Wie ein Eber wälzt sich der Mann unter schallendem Gelächter der begeistert mitgehenden Zuschauer im Morast und sucht grunzend nach Futter. Als Wildschwein kriecht er auf allen vieren, den Kopf tief am Boden haltend, schnüffelnd über den Platz und frißt allerlei Unrat. Dorfbewohner bieten ihm Schweinefutter dar: Abfälle, nach denen er gierig schnappt. Bedrückend ist die Befreiung aus der Trance. Dem „Schwein“ wird eine Schüssel mit Reismus vorgesetzt, das es gierig verschlingt. Doch die Wirkung ist verheerend. Wie ein verwundetes Tier kreischend, versucht das „Wildschwein“ zu entkommen. Männer werfen sich ihm in den Weg. Mit Mühe nur gelingt es ihnen, das Medium niederzureißen. Sein Gesicht ist mit Kot, Morast und Reismus verschmiert. Der Mund schäumt; die Augen reagieren nicht auf Lichteinwirkungen. Dorfbewohner erzählen, daß geweihtes Wasser unter das angebotene Futter gemischt worden sei, um den Tänzer aus dem Trance-Zustand zu befreien.

Im Gegensatz zu den beschriebenen, derben Formen ist der Tanz der göttlichen Nymphe von ausgesprochener Grazie. Ein achtjähriges Bauernmädchen schwebt, in kostbare Brokatstoffe gekleidet, engelgleich über den Platz. Später sitzt es auf Bambusstangen und läßt sich in die Höhe heben, wo es sich ebenso sicher und elegant wie auf dem Boden bewegt. Bei der Anweisung der Sänger, in den Palast zurückzukehren, wendet sich die kleine Tänzerin von den Singenden ab und besprengt sich mit dem in einer Kokosschale dargereichten Weihwasser. So findet sich das Mädchen aus eigener Kraft aus der Trance in die Wirklichkeit zurück.

Balinesische Zeremonien

Die Balinesen sind ein festfreudiges Volk. Man rechnet, daß von Belegschaften größerer Unternehmen durchschnittlich ein Viertel der Beschäftigten Ferien macht oder im Urlaub ist, um rituellen Verpflichtungen nachzukommen. Während bei uns viele Feste weltlicher Unterhaltung und der Pflege der Geselligkeit dienen, sind die meisten balinesischen Zeremonien Feiern, die durch die Religion und das Adat bestimmt werden und entsprechend religiösen Charakter haben.

Die Gesamtheit der zahlreichen Zeremonien kann in fünf Gruppen gegliedert werden:

- Zeremonien zu Ehren Gottes und der vergöttlichten Ahnen,
- Zeremonien zur Beschwichtigung und Bannung von Dämonen und Geistern,
- Zeremonien im Lebensablauf eines Menschen,
- Zeremonien und Purifikationsriten für Verstorbene,
- Rituale der Brahmanenpriester, insbesondere die Riten zur Priesterweihe.

Die Zuordnung der Feiern in eine der genannten Gruppen fällt oft schwer, beziehen sich doch viele Feste auf verschiedene Bereiche, wie dies beispielsweise bei der Weihe eines Tempels zum Ausdruck kommt.

Tempelfeier

Tempelfeiern spielen sich in verschiedenen Schritten ab und dauern im Rahmen eines Dorfes normalerweise drei bis vier Tage. Vorerst geht es um die Gewinnung von Weihwasser, um materielle und rituelle Reinigungen, dann um Opferhandlungen für die Beschwichtigung von Geistern, den Empfang der Götter und die Darreichung von Gaben an die für kurze Zeit anwesenden Gottmanifestationen. Bereits Wochen vor der Feier beginnen Gläubige mit dem Zusammentragen der für das Fest benötigten Materialien. Frauen bereiten in gemeinsamer Arbeit Flechtwerk aus Palmblättern vor. Andere stellen Reismehl her oder backen Opferkuchen. Gruppen von Männern errichten Gestelle aus Bambus und behängen Bambusrohre mit Zierat.

Religion ist für die Balinesen ein Erlebnis in der Gemeinschaft. Jeder Dorfbewohner nimmt die ihm übertragenen Verpflichtungen willig und fröhlich auf sich. So herrscht denn schon am ersten Tag der Weihefeier ein lebhaftes Treiben im Tempel. Nach der Reinigung des Bodens und der verschiedenen Bauten werden die zuvor in einem Reinigungsritual am Wasser purifizierten heiligen Gerätschaften und Hoheitsschirme hervorgeholt und an den vorbestimmten Orten aufgestellt. Gruppen von Frauen und Männern schmücken unter Anleitung von Tempelpriestern die Altäre und Schreine mit Tuchfriesen und dem zu Hause vorbereiteten Zierat, damit am folgenden Tag die Gottheiten würdig empfangen werden können.

Tagsdarauf werden die Götter eingeladen, für die Dauer des Tempelfestes unter den Gläubigen zu verweilen. In der Vorstellung der Balinesen können die Götter und die Seelen vergöttlichter Ahnen zu bestimmten Zeiten vom Himmel heruntersteigen und in ihnen zugewiesenen Behältnissen verweilen: in Steinen, alten Waffen, Masken, Musikinstrumenten wie auch in Statuetten. Statuetten sind meistens aus Sandelholz geschnitzte, oft menschenähnliche Figuren oder Fabelwesen. Sie dürfen keinesfalls mit den Gottheiten selber verwechselt werden, denn es handelt sich ja lediglich um deren Sitzplätze während der Feier. Mit Schlägen auf die Schlitztrommel wird die Ankunft der Götter mitgeteilt. Dies ist die Aufforderung für die noch zuhause Weilenden, sich nun in den Tempel zu begeben und den

---

Seite 110 – Frauen mit Opfertürmen auf dem Gang zur Tempelfeier

Seite 111 oben – Baris Tumbak: ritueller Kampftanz an der Geburtstagsfeier des Todestempels in Sanur

Seite 111 unten – Abuang in Asak (Karangasem): Gruppentanz der Männer als Teil der Opferhandlung

anwesenden Gottheiten die Verehrung zu bezeugen. Ununterbrochen folgen sich jetzt Kulthandlungen und Opferdarreichungen, bei denen Gott und der Dämonen gedacht wird. Ritualtänze, klassische Schauspiele und Musik wechseln ab. Ermüdete Tempelbesucher mögen für einige Augenblicke einnicken, dauert doch die Feier auch den ganzen dritten Tag, der als Höhepunkt des Festes betrachtet wird. In der letzten Nacht werden die Götter und Dämonen verabschiedet und am folgenden Tag die auf dem Boden zerstreuten Überreste der Opfergaben weggeräumt. Die heiligen Geräte und Statuetten werden an einem sicheren Ort verwahrt, Türen und Tore geschlossen. Erst ein javanisch-balinesisches Jahr später, d. h. nach 210 Tagen, werden die Götter bei der Geburtstagsfeier des Tempels die Gemeinde erneut durch ihre Anwesenheit erfreuen.

Wesentlicher Bestandteil jeder Tempelfeier ist die Darreichung von Opfergaben, mit dem Gott in seinen verschiedenen Erscheinungsformen verehrt wird. Der Balinese dankt weniger durch Worte als mit Taten: Die in langer, liebevoller Arbeit erstellten „Opfertürme" aus Reiskuchen, Früchten, Eiern, Blumen, gebackenen Enten usw. sind sichtbar gemachte Dankesbezeugungen. Im Tempel werden die Spenden geordnet, und Priester präsentieren sie den anwesenden Gottheiten. An ihrem Sitzplatz wird den Göttern die Essenz der Opfergaben zugefächelt. Die Götter sind gütig und großzügig zugleich, denn sie anerkennen das Bemühen der Menschen und begnügen sich mit dem Duft der Gaben. Die geweihten Speisen dürfen später im Familienkreis verzehrt werden.

Nach der Präsentation der Gaben reicht ein Laie frisches Wasser, mit dem die Gläubigen Mund und Hände reinigen. Dann fordert der Priester die Sitzenden auf, sich zu konzentrieren; dazu schmiegen die Versammelten die Handballen vor der Brust flach aneinander. Ist diese Vorbereitungsphase abgeschlossen, wird Gott die Bereitschaft zur Reverenzbezeugung bekanntgegeben. Zuerst wird der Gott verehrt, dem der Tempel geweiht ist. Die Gläubigen halten zu diesem Zweck ein Blütenblatt, indem sie dieses zwischen die Fingerspitzen der aneinandergelegten Hände klemmen. Wird Gott angesprochen, müssen die Hände über den demütig geneigten Kopf gehalten werden. Nach Abschluß des ersten Gebets wird das Blütenblatt weggeworfen; es darf kein zweites Mal verwendet werden. Die folgende Ehrbezeugung gilt der übergeordneten, allumfassenden Gottheit und wird ebenfalls mit dem Wegwerfen eines Blütenblattes abgeschlossen. Der Priester erkundigt sich nun, ob jemand ein Gelübde getan habe. Ist das der Fall, werden diese Personen aufgefordert, ihr Versprechen in Gebetsform einzulösen. Zum Abschluß halten die Gläubigen die Hände nach oben gerichtet vor die Brust und lassen sich mit Weihwasser segnen. Ein strafferes Ritual wird bei Andachten in kleinerem oder privatem Rahmen eingehalten. Nach Abschluß der Reverenzbezeugung fordert das Familienoberhaupt den Hauspriester auf, das nun folgende Zeremoniell persönlich zu leiten. Die kleine Gemeinschaft rückt näher zusammen, und die Anwesenden bieten die zu einem Becher geformte rechte Hand dar, wobei die Linke den rechten Ellbogen stützt. Der Priester murmelt seine Mantra und reicht dann jedem einzelnen geweihtes Wasser in einem Schöpfgefäß. Alle haben vorerst drei Schlücklein zu trinken und anschließend dreimal Weihwasser von der Stirn zum Scheitel zu streichen. Weiteres Wasser darf verlangt und auf die Stirn, die Ohren und den Oberkörper getupft werden. Gehirn, Gehör und Gefühl sollen so angesprochen werden. Dann klaubt der Priester unbeschädigte Reiskörner aus dem Weihwasserbehälter. Sie werden entweder in den Mund geschoben oder zwischen die Augenbrauen geklebt. Anschließend verteilt der Priester Blütenblätter, die im Weihwasser gele-

---

Hahnenkämpfe

Oben – Nach intensivem Training ohne Messer (links) erfolgt die Auswahl der Kampfgegner in der Arena (rechts)

Unten – Vor der Kampfaufnahme werden dem Gott der Spieler (links) und den Dämonen (rechts) Tribute entrichtet

Rejang: religiöser Reihentanz der Mädchen; links in Tenganan, rechts in Asak (Karangasem)

Seite 116 – Ritualtänzerin am Erntedankfest in Asak
Seite 117 – Margepati-Tanz anläßlich der Weihe eines balinesischen Tempels in Tanjung (Lombok)

Magie. Hexenmeisterin bei der Weihe zweier Schülerinnen

Unten rechts – Abwenden des Regens durch Feuergaben an den Sonnengott

Links – Nangluk Merana: Zeremonie um den Tod fernzuhalten

Unten – Tribute an die Dämonen: vor dem Hauseingang (oben) und im Tempel (unten)

Barong und Rangda
Oben – Barong Két
Rechts – Barong Landung - Prozession in den Todestempel
Rechte Seite – Reaktivierung des Wirkungsvermögens von Barong- und Rangdafiguren. Trance als Beleg der Ausstrahlungskräfte

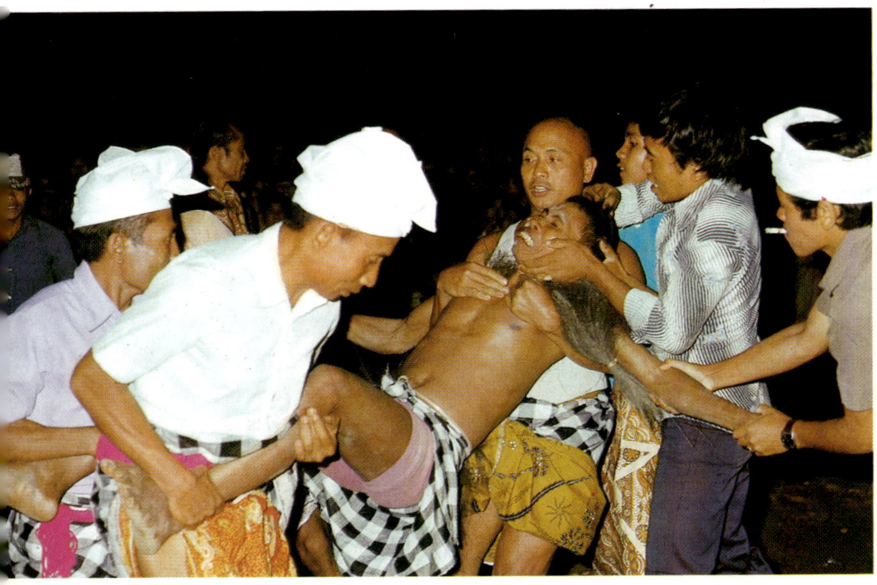

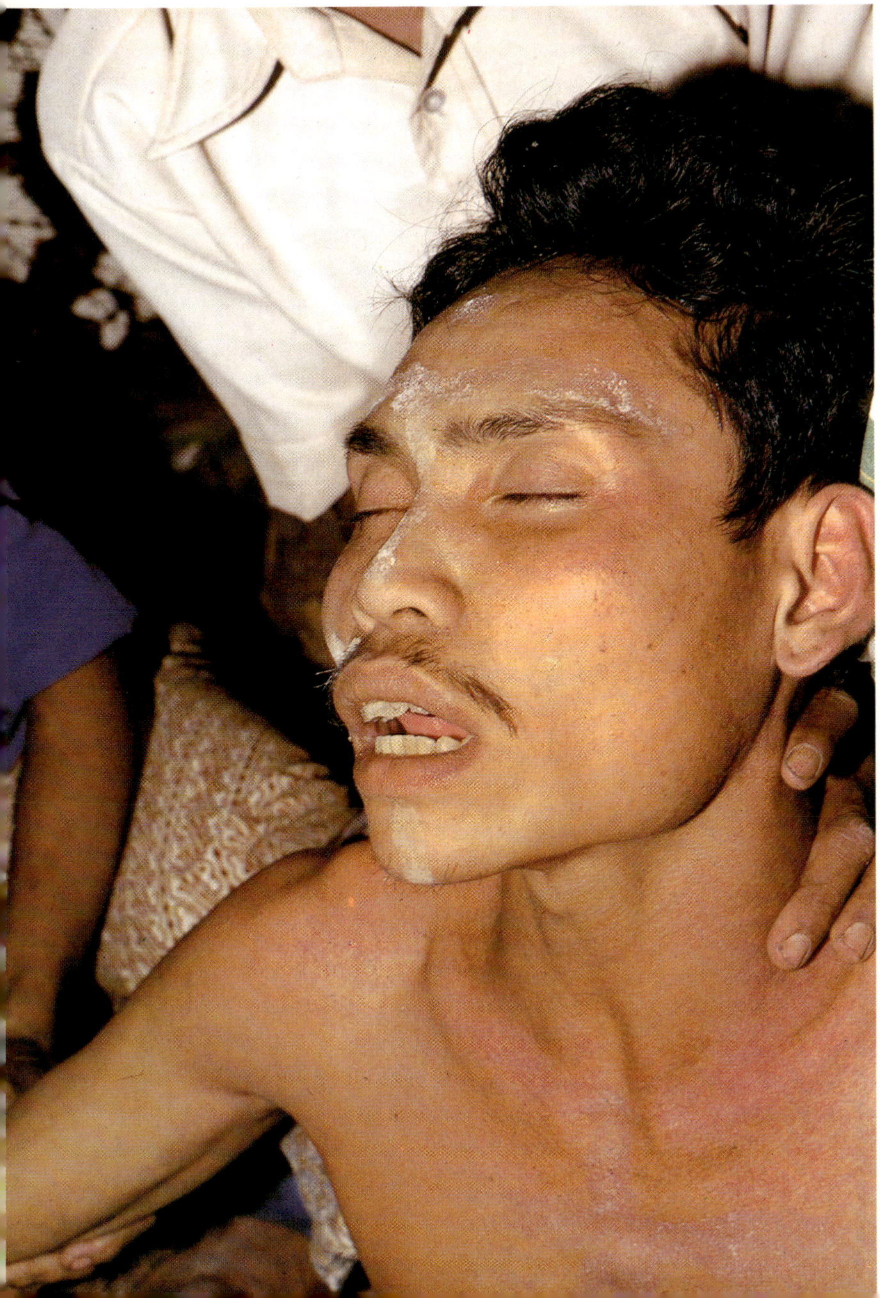

Trancetänze in Ostbali
Linke Seite, oben links – In-Trance-Versetzen durch Einatmen von Rauch. In Trance: als Affe (oben) und als Feuerreiter (unten)
Rechte Seite – Überwältigen des Mediums zur Befreiung aus der Trance (oben) und anschließende Erschöpfungsphase (unten)

Seite 126 – Festlich gekleideter Fürstensohn von Badung vor der Zahnfeilung

Seite 127 – Feier der ersten Menstruation: Heraustreten aus der Klausur

Links (unten und oben) – Zeremonie im dritten Monat der Schwangerschaft

Unten und rechte Seite – Feier zu Ehren des drei Monate alten Kleinkindes

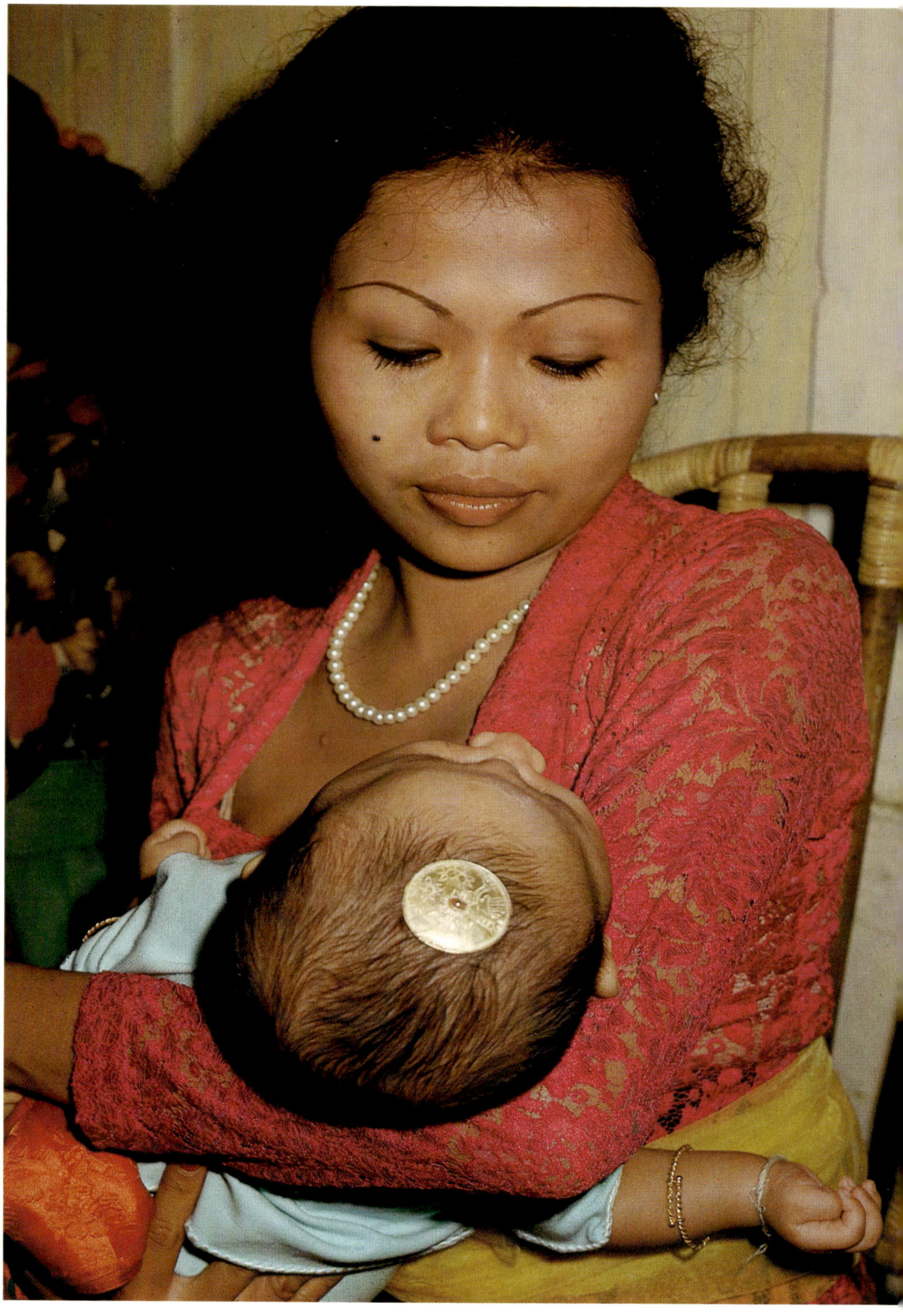

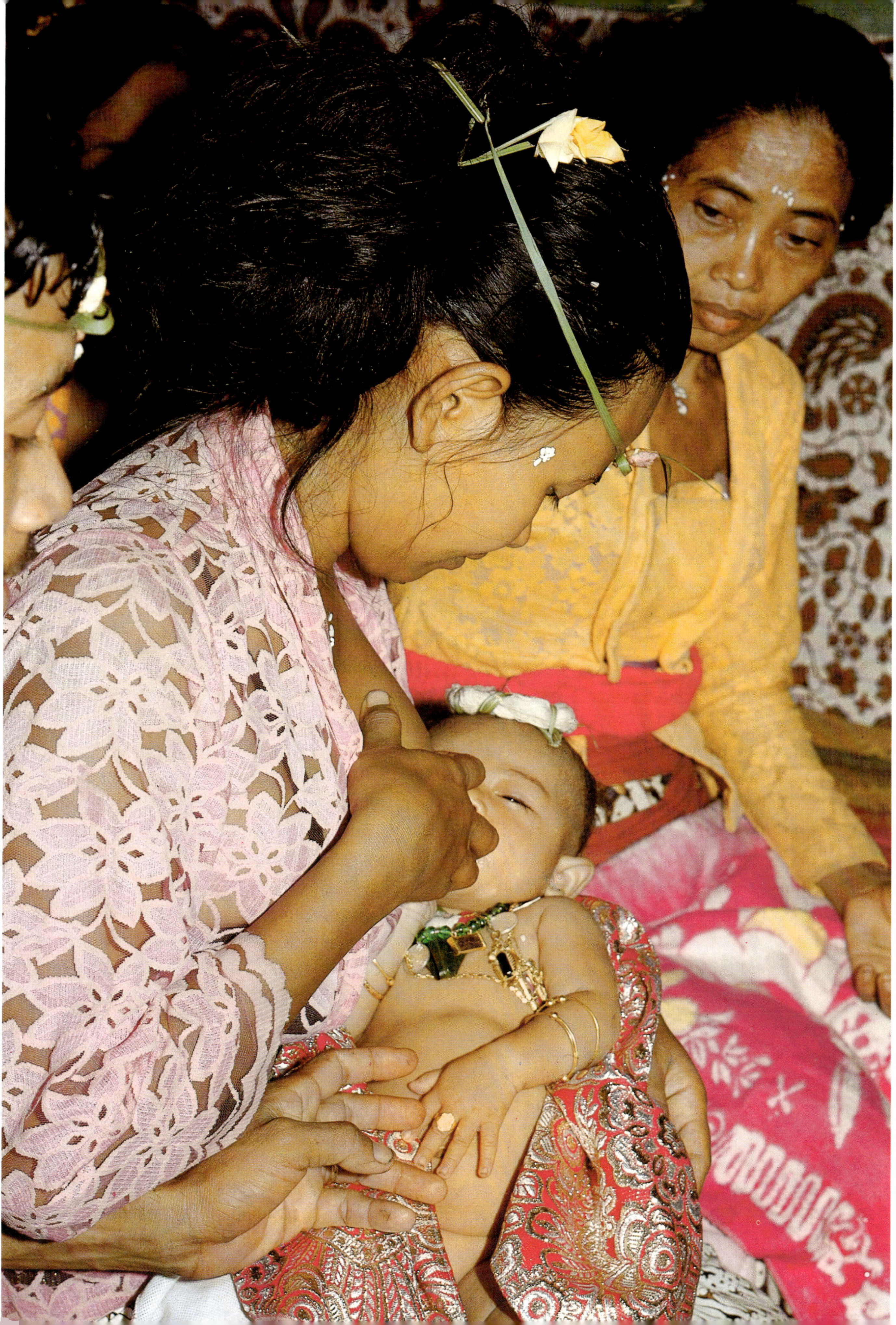

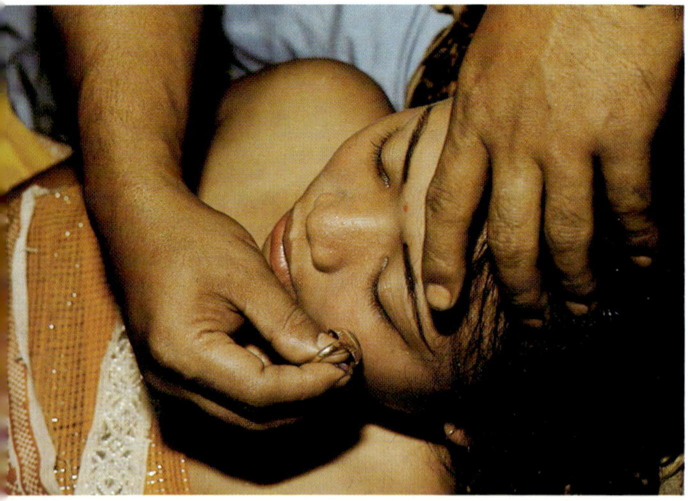

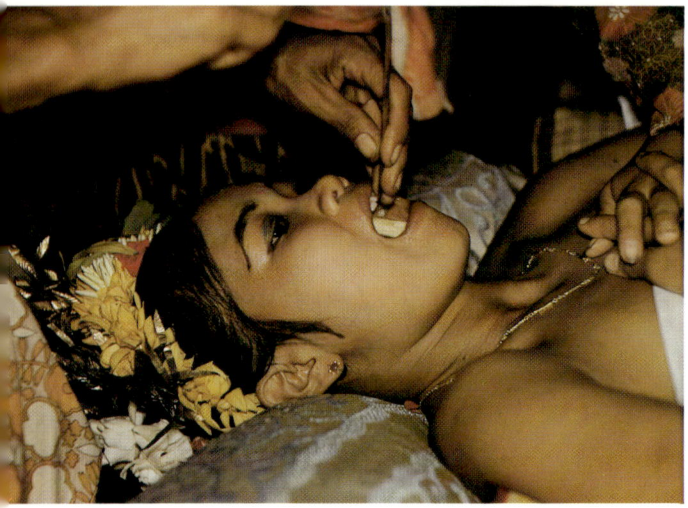

Oben und rechts – Zahnfeilung. Kraftübertragung durch den priesterlichen Ring (links oben) Zurückmeißeln des Zahnschmelzes (unten links) und anschließendes Begutachten des Feilresultates

Seite 129, oben – Déwa Saksi: Beschwörung der Jungfräulichkeit vor dem Gott des Feuers (Puri Madura, Amlapura)
Unten – Schiwa-Priester beim Einsegnen einer Ehe

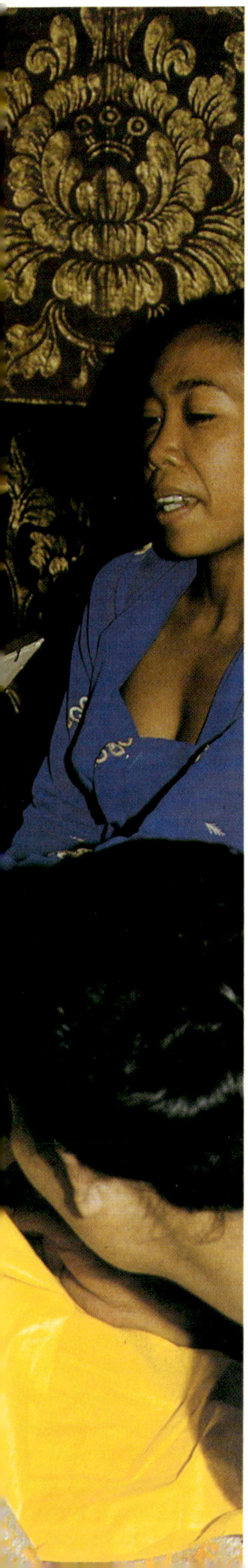

gen haben, und steckt sie den andächtig verharrenden Männern hinter die Ohrmuscheln, den Frauen über der Stirn in den Haaransatz. Nach diesen Handlungen ist das Ritual abgeschlossen.

Zu bestimmten Feiern dürfen Ritualmahlzeiten nicht fehlen. Im Gedankengut der Balinesen sind Hühner und Schweine Tiere, die mit dem Reich der Dämonen in Verbindung stehen. Den gewöhnlichen Sterblichen ist der Genuß dieses Fleisches gestattet, nicht aber den Brahmanenpriestern. Ihnen wird an Festtagen eine gebratene Ente oder ein Truthahn dargereicht. Stehen in einer Familie genügend männliche Arbeitskräfte zur Verfügung, bereitet die größere Gruppe ausschließlich Speisen für die Laien, die kleinere das priesterliche Essen vor. Sollten die gleichen Männer die beiden Mahlzeiten zurüsten, müssen sie nach dem Kochen der Speisen für die Laien nicht nur gründlich die Hände waschen, sondern sich auch einem strengen Purifikationsritual unterwerfen. Erst dann ist die Reinheit der priesterlichen Mahlzeit gewährleistet, wenn sie in einem bisher unbenutzten Eßgeschirr vorgesetzt wird.

Da die hohe Luftfeuchtigkeit den Bauten stark zusetzt, müssen Tempel von Zeit zu Zeit ausgebessert werden. Vor allem die Dachbedeckung verwittert rasch, aber auch der vulkanische Tuffstein leidet unter dem tropischen Klima. Während der Ausbesserungsarbeiten unterscheidet sich die Kultstätte nicht von einem gewöhnlichen Bauplatz. Sie ist unbeseelte Materie. Nach Abschluß der Arbeiten muß die Tempelanlage gereinigt und anschließend die Belebung rituell eingeleitet werden.
Vor der Aufnahme der Belebung sind strenge Purifikationsrituale zur Bannung und Versöhnung der Geister notwendig. Um sich gegen die Einflüsse der Dämonen abzuschirmen, werden Tieropfer in den vier Himmelsrichtungen auf den Boden gelegt. So mag in der Bergrichtung ein schwarzes Schwein, im Osten ein weißer Schwan, Richtung Meer ein rotes Rind, im Westen eine gelbe Ziege und im Zentrum als Hauptgabe ein Wasserbüffel liegen. Neben Tieren werden auch Reis in fünf Farben, fünf Flüssigkeiten und verschiedenfarbige Blütenblätter gespendet. Mit diesen Gaben gedenkt der Balinese des Wohnplatzes der Dämonen: der Erde oder – auf die Kleine Welt bezogen – des Körpers. Nach dem Gesetz von Ursache und Wirkung sollen Opfergaben auch deshalb dargereicht werden, damit die Wohlfahrt der Menschen weiterhin gewährleistet bleibt. In der Hoffnung auf Vergeltung der guten Taten werden verschiedene Nahrungsmittel gespendet. Gaben an die Erde sind demgemäß ebenfalls Ausdruck menschlichen Wunschdenkens.
Zur Einleitung der Belebung des Tempels hat sich der Mensch von der Bindung an weltliche Güter zu lösen; deshalb stiftet er Sinnbilder irdischen Reichtums. Drei Schatzkisten werden in den neuen Schrein eingebaut: eine im Dach, die zweite im Mittelteil und die dritte im Fundament. Mit dieser Verteilung wird den Lebensbereichen der Götter, der Menschen und der Dämonen Rechnung getragen. Bei den Schätzen handelt es sich um fünf Metalle: Gold, Silber, Kupfer, Eisen und Zinn. Manchmal werden sogar Juwelen gespendet. Erst nach Abschluß eines Belebungsrituals stellt der Tempel den ausstrahlungsfähigen Bereich dar, der als Kultstätte wirken kann.
Nach diesen Handlungen machen sich Prozessionszüge mit puppenähnlich gekleideten Statuetten auf, die Götter abzuholen. Da die Götter an ihrem angestammten Aufenthaltsort über dem Gunung Agung verweilen, lassen sich die festlich gekleideten Gläubigen an einem Ort nieder, von dem aus der heilige Berg sichtbar ist. Tempelpriester entzünden Weihrauch, halten das irdene Töpfchen mit der Rechten Richtung Göttersitz und bitten die Gottheiten, den aufsteigenden Rauch als Weg zur Erde zu benützen und dann in den bereitgestellten Behältnissen Platz zu nehmen. Mit Musik und Tanz werden die Götter feierlich begrüßt und anschließend in die Tempel getragen, wo ihnen der neue Schrein vorgestellt wird.

Zeremonien für die Dämonen

Zeremonien für die Dämonen dienen in erster Linie dazu, die Mächte der Niederwelt zu besänftigen oder zu bannen. Achtet der Mensch ihrer nicht, bringen sie Unglück und Leid. Bei der Vielzahl der Unheilbringer – es wird die magische Zahl 108 genannt – handelt es sich um Dämonen der materiellen Welt und um Dämonen der Zeit. Jeden Tag werden ihnen kleine Opfergaben auf den Boden gelegt, etwas größere jeden fünften und die bedeutendsten alle fünfzehn Tage. Vor und nach der Anrufung Gottes im Tempel erhalten auch die Dämonen ihren Tribut, unter anderem in Form von Blutopfern. Küken wird der Kopf mit einem Kris abgetrennt oder – falls der Spender in Trance gefallen ist – abgebissen, so daß das Blut zu Boden tropfen kann.

Auch der Hahnenkampf war ursprünglich Ausdruck des Blutopfers. Im Verlauf der Zeit sind allerdings viele Hahnenkämpfe verweltlicht. Sie bieten den Balinesen die Möglichkeit, ihrer Spielleidenschaft zu frönen, werden doch enorme Summen auf die einzelnen Tiere gesetzt. Die blutigen Kämpfe finden meistens in einer offenen Halle im Vorhof des Tempels statt, auf deren göttlichen Seite sich ein kleiner Altar befindet. Hier werden dem Gott der Spieler Opfer dargebracht, während im Zentrum der Kampfbühne die Dämonen ihre Gaben erhalten. Zudem wird der Richtertisch mit Weihwasser besprengt.

Bereits Wochen vor dem Kampf tragen die Besitzer ihre Kampftiere in Körben zu gemeinsamen Treffpunkten und stellen die Hähne vor. Probekämpfe ohne Verwendung der Messer dienen dazu, die Reaktion der Tiere zu überprüfen. Stundenlang dauern die Fachgespräche, die ausschließlich unter Männern stattfinden, sind doch Frauen – und Brahmanenpriester – vom Besuch der Hahnenkämpfe ausgeschlossen.

Vor jedem Kampf werden die Hähne durch ihre Betreuer sorgfältig massiert; dabei wird den Tieren eine magische Wirkung besitzende Salbe eingerieben. Das Hinterteil des Hahns wird gestreichelt, und der „Bart" wird gezupft. Durch Einblasen menschlichen Atems in den aufgepreßten Schnabel und mit Hilfe beschwörender Formeln sollen dem Hahn übernatürliche Kräfte verliehen werden. Zischlaute erregen die Gockel. Um die Hähne kampfstark, aber nicht fett, werden zu lassen, ist ihnen als Kraftnahrung ein Absud aus Baumrinde verabreicht worden. Auf ein Zeichen des Schiedsrichters begeben sich einzelne Besitzer oder deren Vertreter auf die Bühne und wählen in langem Palaver die Kampftiere aus. Dabei spielen für Abergläubige die Farben der Gockel eine nicht zu unterschätzende Rolle; aber auch der Stellung des Kammes muß Rechnung getragen werden. Wichtig ist ferner, ob der Gegner einen „Bart", rote Ohren oder „behaarte" Beine hat.

Sind sich zwei Besitzer einig geworden, ihre Tiere gegeneinander antreten zu lassen, gilt es, die Waffen zu bestimmen. Die beidseitig geschliffene Schneide der Messer mißt 7 bis 8 cm, die ganze Länge 10 bis 11 cm. Je nach Absprache können die Messerchen auf sechs verschiedene Arten – meistens am linken Fuß – mit Garn festgebunden werden. Zwischen den beiden Tierhaltern wird eine Wette vereinbart, die durch Handzeichen dem Schreiber des Schiedsgerichtes gemeldet werden muß, stehen doch den Organisatoren des Hahnenkampfes 10 Prozent dieser Summe zu. Vor der Kampfaufnahme widerhallt die Halle vom Geschrei der Wettlustigen. Wild gestikulierend melden die Zuschauer ihre Einsätze und Wettbedingungen. Als Grundregel gilt, daß von Mann zu Mann, seltener von Grüppchen zu Grüppchen gewettet wird. Meistens bewegen sich die Einsätze in der Höhe von Tage- oder Wochenlöhnen, können aber in Einzelfällen über dem Jahreseinkommen eines einzelnen liegen. Es ist Ehrensache, die Wette einzuhalten.

Einem Kampfrichter müssen viele Regeln geläufig sein. Die maximale Wettkampfzeit umfaßt fünf Runden. Ist der Kampf nach der vierten Runde noch nicht entschieden oder weicht ein Hahn seinem Gegner durch Flucht aus, werden die Tiere im kleinen Innenquadrat der Kampf-

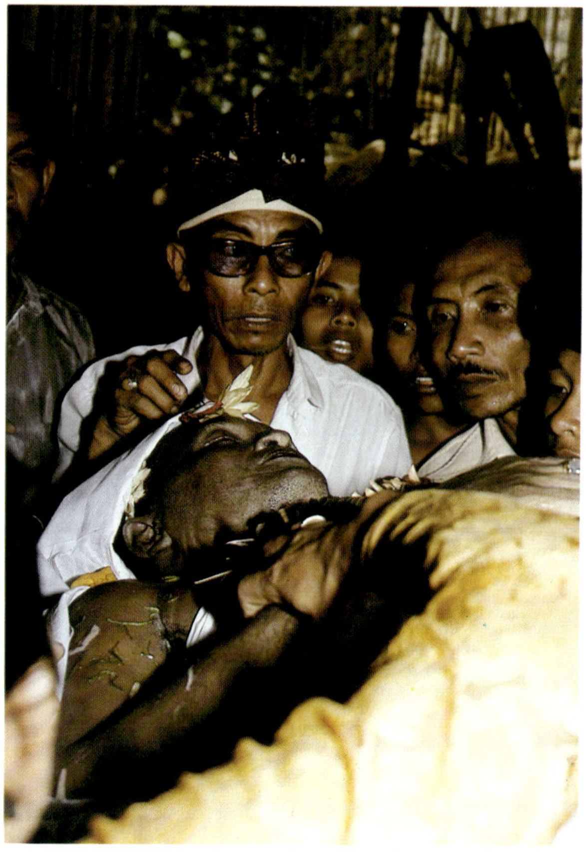

Zeremonien für Verstorbene
Links oben – Korblampe als Hinweis für einen Todesfall
Unten – Rituelle Totenwaschung
Mitte – Kremationsprozession mit Sarg (oben) und Totenbahre in Turmform (unten)
Rechts oben – Spaßmacher, den Leichenzug anführend
Mitte – Kremation
Unten – Rhythmisches Reisstampfen als Teil des Memukur (Manggis, Karangasem)

bühne unter einen Korb gesetzt, wo sie auf engstem Raum aufeinanderstoßen. Sollten sich beide Tiere nach der fünften Runde immer noch auf den Beinen zu halten vermögen, wird der Kampfausgang als unentschieden gewertet. Steht der eine Hahn, während der andere mit der Brust den Boden berührt, wird der erstere zum Sieger ausgerufen. Wenn aber der mit dem Körper den Boden berührende Gockel weiterhin mit dem Schnabel auf seinen Gegner einpickt, gilt der liegende als Gewinner.
Dem Kampfleiter stehen Hilfsrichter zur Überwachung des Geschehens aus nächster Nähe bei. Der das Innenquadrat kontrollierende Helfer bestimmt den Verlierer. Geraten die Tiere außerhalb des Gevierts oder bleibt ein Messer im Gegner haften, kann der Betreuer des Hahns einen Unterbruch beantragen. In diesem Fall wird einer der Hilfsrichter die beiden Tiere voneinander trennen, um sie darauf erneut gegeneinander antreten zu lassen.
Sobald der Gong zur Kampfaufnahme ertönt, herrscht in der Halle schlagartig Totenstille. Den Besitzern ist es erlaubt, die Tiere mit einer Hand zu fassen und sie dann gegen die Ringmitte zu entlassen. Durch geschickte Vorbereitung und ein kluges – oder schlaues – Verhalten können die Hähne wirksam unterstützt werden. Vorerst gehen die erregten Tiere aufeinander zu und stehen sich dann in Drohhaltung gegenüber. Der Kopf ist auf den Boden geduckt, der Kamm steif aufgerichtet. Die Halsfedern sträuben sich. Nach kurzer Zeit gegenseitigen Abtastens beginnt der eigentliche Kampf. Flatternd, hüpfend und fliegend versuchen die Tiere, den tödlichen Fußtritt anzubringen. Wird ein Hahn verletzt, versucht sein Betreuer, ihn wieder kurzfristig kampffähig zu machen. Bei Blutungen wird der Kopf des Tieres nach hinten gedrückt und menschlicher Atem eingehaucht. Verletzte oder gebrochene Beine werden für Augenblicke mit der Faust umklammert, Wunden mit Asche oder Tabak bestrichen und die Hand dagegen gepreßt, damit der Hahn weniger Blut verliere und die Wunde desinfiziert werde. Nach Kampfabschluß wird dem unterlegenen Tier der Fuß abgetrennt, das Messerchen abgelöst und dem Besitzer zurückerstattet. Tote Hähne werden vom Besitzer des Siegers stolz nach Hause getragen. Das Fleisch wird der Familie doppelt so gut schmecken, hat das unterlegene Tier doch auch einen Wettgewinn eingebracht.
Da beim Hahnenkampf hohe Einsätze auf dem Spiel stehen, ist es menschlich begreiflich, daß Schlaumeier durch kleinere oder größere Betrügereien das Kampfgeschehen zu beeinflussen trachten. Ein erfahrener Kampfrichter hat mich auf vorkommende Unkorrektheiten aufmerksam gemacht. So können die beiden Betreuer der Hähne nur eine geringe offizielle Wettsumme vereinbaren, dies darum, daß die zehnprozentige Pflichtabgabe an den Organisator klein ausfällt. Die Hauptsumme wird durch Mittelsmänner auf der Zuschauerrampe gesetzt, da diese keiner Abgabe unterliegen. Sind die Helfer des Kampfrichters unehrlich, wetten diese durch Strohmänner und versuchen, „ihren" Hahn zu begünstigen. Sollten die Hilfsrichter von einem Besitzer bestochen worden sein, bevorzugen sie dessen Tier, indem sie z. B. beim Setzen des Korbes wissentlich ein Tier verletzen. Auch charakterschwache Kampfrichter können bestechlich sein und die Rundenzeiten willkürlich verkürzen oder verlängern. Besitzer selber mögen ihre eigenen Tiere bewußt benachteiligen, indem sie ihnen während der Nacht zuvor die auseinandergespreizten Beine mit Steinen belasten, so daß sie beim Kampf in ihren Bewegungen gehemmt sind. Durch Strohmänner setzt dann der Besitzer sein Wettgeld auf den kampffreudigeren Gegner. Vielen „Fachleuten" ist ein Fall aus dem Dorf Bungaya bekannt, wo ein derart geschwächtes Tier dennoch gewonnen hat und der Betrüger seinen hohen Einsatz auf den gegnerischen Hahn verlor. Das eigene Tier kann ebenfalls durch nur loses Befestigen des Messerchens benachteiligt werden. Auch hier läßt der unehrliche Besitzer sein Geld mittels Komplizen auf den Gegner setzen.

Zeremonien im Lebensablauf eines Menschen

Zeremonien zur Feier bestimmter Lebensabschnitte finden im Kreis der Familie statt und werden im Familientempel oder -hof gefeiert. Das Ritual wechselt, beeinflußt durch das ortsübliche Adat, durch die Familientradition und durch die Kastenzugehörigkeit. Beerdigung, Kremation und die anschließenden Purifikationsriten zählen zu den Zeremonien für Verstorbene.

Wenn die junge Frau erstmals ein Kind erwartet, findet im dritten Monat der **Schwangerschaft** eine Feier im Familientempel statt. Ist die werdende Mutter niedrigkastiger als ihr Gemahl, muß sie in konservativen Familien die Zeremonie allein über sich ergehen lassen. Als Opfergaben werden Lebensmittel gespendet. Gemäß dem Gesetz der Vergeltung der Taten erhofft sich das Paar dadurch zeit seines Lebens eine gesicherte Nahrungsmittelversorgung. Dem Ungeborenen werden Heldentaten aus indischen Epen erzählt, um es mutig, kühn und hilfreich zu machen. Nach der Einsegnung durch den Priester finden im Hof des Familientempels verschiedene symbolische Handlungen statt. Familienangehörige haben Pfosten eingeschlagen und dazwischen Garn gespannt. An einem der Pfähle hängen Blätterbecher, in deren Wasser Fischchen schwimmen. Um den drei Lehrmeistern des Menschen – den Regierenden, den Lehrern und den Eltern – ihren Respekt zu erweisen, schreitet die werdende Mutter dreimal gebückt unter den Fäden hindurch, gefolgt von ihrem Gemahl, der eine Lanze trägt. Das viertemal zerreißt die junge Frau die Fäden mit dem Oberkörper, denn wenn im Leben Hindernisse auftreten, soll das Ehepaar immer zielbewußt handeln. Daraufhin sticht der Ehemann mit der Lanze die Blätterbecher auf. Wie die Fische aus ihrem Behälter fallen, so leicht soll bei der Geburt das Kleinkind den Mutterleib verlassen.

Bei der **Geburt** muß nicht nur das Kleinkind umsorgt werden. Die Eltern kümmern sich auch um seine „vier Geburtsbegleiter" und späteren „Beschützer" (die Plazenta, die Nabelschnur, das Blut und das Fruchtwasser). Die Plazenta (der Fruchtkuchen) verkörpert dabei stellvertretend auch die anderen „Beschützer". Der Vater begräbt den Fruchtkuchen vor dem Haus der Entbindung und errichtet über dem Plazentagrab einen kleinen Bambusaltar, auf dem neben anderen Gaben jeden Tag auch Muttermilch gespendet wird. Werden sie sorgfältig umhegt, stehen die „vier Beschützer" dem Neugeborenen bis nach seinem Tod bei. Sie sind der Schutzgeist, der später seinen Sitz in einem steinernen Schrein im Familienhof einnimmt.

Der Balinese ist der Meinung, daß der Fruchtkuchen am Tag des Nabelschnurabfalls materiell nicht mehr besteht; deshalb gedenkt er nun in einer **Nabelzeremonie** seiner „vier Geschwister". Die vertrocknete Nabelschnur wird dem Neugeborenen zu Füßen gelegt. Mutter und Kind tragen von diesem Tag an ein Amulett, in das Zwiebeln, Knoblauch und Gewürze eingewickelt worden sind. Durch den durchdringenden Geruch und den scharfen Geschmack soll der Blutgeruch im Zimmer der als körperlich unrein betrachteten Mutter überdeckt werden. Ohne diese Vorsichtsmaßnahmen könnten Geister in der Art von Vampiren durch das Blut angelockt werden und die Gesundheit von Mutter und Kind gefährden.

Am Tag des Nabelabfalls wird der Priester gebeten, dem Säugling einen Namen zu verleihen. Zusätzlich zum priesterlichen „Taufnamen" besteht eine Namensgebung, die sich auf die Reihenfolge der Geburten bezieht. So nennen die Eltern ihr erstes Kind – gleichgültig ob Knabe oder Mädchen – Wayan, Putu oder Gdé, ihr zweites Madé oder Nengah, das dritte Nyoman, das vierte Ktut. Dem fünften Kind wird erneut der Name des ersten, dem sechsten der Name des zweiten zugesprochen. In bestimmten Gegenden Balis ändern die Eltern nach der Geburt des ersten Kindes ihren Namen und nennen sich dann zum Beispiel „Pan Putu" („Vater von Putu") und „Men Putu" („Mutter von Putu"). Nicht zu denken, wie schwierig es wäre, ein Zivilstandsregister zu führen!

In der Vorstellung der Balinesen gilt die Mutter

Purifikationsrituale für die Seelen Verstorbener: Kochen des Ritualmuses und Herstellen des letzten Seelenbehältnisses (Intaran, Badung)

Rechte Seite – Balinesische Kinder: wieder Mensch gewordene Ahnen. Knabe aus Tenganan

bis zum zwölften Tag nach der Geburt als leidend. Am Tag darauf ist die „Zeit der Bestrafung“ vorbei und die Mutter von ihren Leiden erlöst. Die **Zwölftage-Feier** markiert den ersten Schritt zur Purifikation des Kindes und der noch unreinen Mutter. Die dargereichten Opfergaben sind dem Gott der Kleinkinder geweiht.

Die zweite Purifikation für die Mutter, ihr Baby und dessen „vier Beschützer“ bewirkt die **42-Tage-Zeremonie**. Normalerweise hat sich die Mutter nach dieser Frist von den Beschwerden der Geburt erholt und gilt nun als körperlich rein. Sie darf an diesem Tag das Haus der Entbindung verlassen und wieder bei ihrem Mann wohnen. Das Amulett zur Abwehr der Vampire kann aufgeschnitten werden, besteht doch jetzt keine Gefahr mehr, daß blutrünstige Dämonen die Mutter heimsuchen. Ein erstes Mal dringt das Gefühl des wieder Mensch gewordenen Ahnen in den Körper des Kindes ein. Mancherorts wird das Kleinkind am 42. Tag erstmals gebadet.

Drei Monate (zu 35 Tagen) nach der Geburt erfüllt das Gefühl des wiedergeborenen Ahnen das Kleinkind völlig. In den ersten 105 Tagen als göttliches Wesen behandelt, durfte es bisher nicht mit dem Boden, dem Reich der Dämonen, in Berührung kommen. Jetzt stellt man es feierlich auf die Erde. (Nach anderem Adat gilt ein Kind sogar bis zu seinem ersten Geburtstag, d. h. bis 210 Tage nach der Geburt als Ebenbild Gottes!) 105 Tage nach der Geburt darf die Mutter, rituell wieder rein, auch den Tempel besuchen.

Damit das Kleinkind während der Feier nicht von Geistern belästigt wird, errichtet die Familie verschiedene Wechselbälge. Es handelt sich dabei um Rinden, Holzplättchen, Bananenblüten, Reismörser usw., auf die eine Menschenfigur gemalt ist. Um die Geister zu verwirren, werden während des Rituals die Wechselbälge heimlich gegen das Kleinkind ausgetauscht und ähnlich dem Gefeierten vor den Priester getragen. Nach der Verteilung des Weihwassers und dem Singen heiliger Texte umschreiten und berühren die Angehörigen die Wechselbälge und legen sie nachher in eine symbolische Wiege.

Zum adatgemäßen Zeremoniell gehört es, daß die Mutter die rechte Hand des Kleinkindes in einen Tontopf führt, in dessen Wasser sich Reis, Mais, Früchte, Fischchen, Geld, Schmuckstücke usw. befinden. Von Bedeutung ist, was das Händchen zuerst anfaßt, denn damit wird das Baby dem Orakel gemäß zeit seines Lebens reichlich bedacht werden.

Handgelenke und Fußfesseln des in kostbare Brokatstoffe gekleideten Kindes verziert man mit Armbändern und Spangen. Um den Hals hängt eine wertvolle, mit Rubinen und Saphiren besetzte Kette. Nachdem der Priester dem Söhnchen oder Töchterchen erstmals seit seiner Geburt das Haar geschnitten hat, knüpft er ihm zum Zeichen der Reinheit einen Streifen Langgras um die Stirn. Reiche Balinesen binden ihrem Säugling zur Abwehr böser Geister eine Gold- oder Silbermünze über die Fontanelle, besteht doch die Gefahr, daß dämonische Einflüsse durch diese ungeschützte Stelle besonders leicht ins Kind eindringen könnten.

Sechs Monate (zu 35 Tagen) nach der Geburt feiert man den ersten Geburtstag. Späterer Geburtstage erinnert man sich nur noch gelegentlich; sie richten sich nach dem 210-Tage-Kalender.

Mit der **Feier der ersten Menstruation** wird dem Mädchen der Übergang vom Kindesalter zum Erwachsenendasein vor Augen geführt. Die erstmals menstruierende Tochter wird für 24 Stunden in Klausur gehalten, wo sie die Gottheit der Liebe in der Abgeschiedenheit um ihr Einverständnis für den Eintritt in die neue Lebensphase bittet. Gleichzeitig werden Wünsche für Glück in der Liebe ausgesprochen. Nach der Phase der Dunkelheit tritt das strahlende Mädchen ans Tageslicht und wird von Frauen in prächtige Roben gekleidet. Männer tragen das Mädchen darauf in einer Sänfte in den Familientempel, wo es vom Priester gesegnet wird. Von nun an darf es nicht mehr mit Knaben herumtollen, sondern muß von Frauen in die Pflichten einer zukünftigen Hausfrau eingeführt werden.

Die **Zahnfeil-Zeremonie** findet normalerweise zwischen der Pubertät und der Heirat statt. Zähne sind dem Balinesen Symbole. Spitze, scharfe

Zähne charakterisieren wilde Kraft; Mahlzähne, wie sie etwa ein Rind aufweist, sind Ausdruck der Nachgiebigkeit. Soll der Mensch wie ein gieriges Raubtier handeln, oder soll sein Leben demjenigen eines gefügigen Haustieres gleichen? Beides ist schlecht. Zu seiner Entfaltung braucht der Mensch einen gesunden Geist im kraftvollen Körper. Dem jungen Erwachsenen werden durch den Priester sechs obere Zähne, die zwei Eckzähne und die vier Schneidezähne, geradegefeilt; die unteren Zähne beläßt man, wie sie sind. So wird dem jungen Erwachsenen die Harmonie zwischen kraftvollem Handeln und der Besonnenheit augenfällig gemacht. Da der Balinese an die Existenz von sechs Verführern (Eifersucht, Unentschlossenheit, Rausch, Habgier, Unbeherrschtheit, sinnliche Lust) glaubt, werden entsprechend sechs Zähne gefeilt. Durch das Ablegen der Zahnfeil-Zeremonie vertraut sich der Balinese der Gottheit der Liebe an. So kann er die menschlichen Leidenschaften mit den Grundsätzen der Religion in Einklang bringen.

Um die Infektionsgefahr beim Feilen zu vermindern, wird Safran bereitgestellt, ebenso Blätter der Betelpalme, Betelnüsse, Gambir, Kalk und Kautabak. Das Kauen des Betelbissens fördert einerseits den Speichelfluß; anderseits sollen damit Krankheitskeime abgetötet werden. Viele Balinesen sind der Überzeugung, daß Betelkauen die Zähne stärke. In einer Schale liegen die Werkzeuge. Es handelt sich um Meißel, rostige Stahlfeilen und ein Hämmerchen. Bevor der Priester mit der Bearbeitung der Zähne beginnt, zeichnet er mit seinem Fingerring magische Symbole über das Gesicht des Sitzenden. Dann legt sich die gefeierte Person nieder, und der eigentliche Feilprozeß beginnt, bei dem der Zahnschmelz um 1 bis 2 mm zurückgefeilt wird. Dicht gedrängt umstehen die Familienangehörigen das Bett. Zuschauer begleiten das Zeremoniell mit gesungenen balinesischen Fabeln. Während der schmerzhaften Prozedur hält die Mutter die Hand ihrer Tochter. Von Zeit zu Zeit prüfen die Gefeilten die ästhetische Wirkung in einem Spiegel und erteilen entsprechende Anweisungen. Nach einer guten Viertelstunde erhebt sich das Mädchen wieder und berührt mit seinen Füßen die den Dämonen geweihten Gaben. Sicherer sehen jetzt die jungen Erwachsenen der Zeit der Anfechtungen entgegen.

Die Dreimonate-Feier, das Fest des ersten Geburtstages und die Zahnfeilung sind Zeremonien, die den Balinesen aus dem anfänglich gottähnlichen Zustand befreien und ihn schrittweise Mensch werden lassen.

Es gibt in Bali drei offizielle Arten der **Heirat**. So kann der zukünftige Ehemann seine Schwiegereltern um die Hand der Tochter bitten. Einen Tag vor der Vermählung begibt sich der Bräutigam in traditionellem Festtagskostüm in den Familienhof der Auserwählten. Alte, weise Männer begleiten ihn und sprechen die Brauteltern in der Hochkastensprache an. Mit allen Ehrerweisungen begrüßt die junge Frau ihre Schwiegereltern und folgt dann ihrem Partner in dessen Familienhof, wo sie sich von nun an den dortigen Adatbestimmungen anzupassen hat. Im Haus des Bräutigams segnet ein Priester die Ehe ein, die damit legalisiert ist.

Unter abgesprochenen Heiraten versteht man Trauungen, die von den Eltern in die Wege geleitet werden. Dazu zählen vor allem Heiraten zwischen Vettern und Basen, die in der Herrscherkaste heute noch verbreitet sind. Kinder aus diesen Ehen sind bei der Erbteilung bevorzugt. In neuerer Zeit steht den Jungen die Möglichkeit offen, bei Nichteinverständnis die Heirat abzulehnen, oder nach erfolgter Vermählung sich zusätzlich eine Gattin eigener Wahl zu erküren.

Sollten sich die Eltern den Heiratsplänen ihrer Tochter widersetzen, kann der Brautwerber im Einverständnis mit seiner Zukünftigen durch Brautraub die Vermählung erzwingen. Bei dieser in Bali rechtlich anerkannten Form der Heirat „entführt" der Bräutigam die Auserwählte und sucht Unterschlupf bei entfernt wohnenden Verwandten oder Freunden, wo das Paar noch in der gleichen Nacht adatgemäß getraut wird. Als Zeugin der Heirat gilt Mutter Erde. Unter Teilnahme der Dorfbevölkerung segnet ein Priester das Paar. Die Trauung wird auch den vergöttlichten Ahnen mitgeteilt. Den Brauteltern bleibt in den

meisten Fällen nichts anderes übrig, als die Eheschließung nachträglich anzuerkennen. Viele Balinesen sehen im Brautraub nicht nur eine romantische Art der Trauung, sondern erkennen in der Vorwegnahme der Hochzeitsnacht auch wirtschaftliche Vorteile, fallen doch so häufige Besuche bei den zukünftigen Schwiegereltern, verbunden mit teuren Geschenken, dahin!
In Bali ist die Ziviltrauung unbekannt. Die Vielehe ist erlaubt, doch nicht die Regel. Scheidungen sind von Männer- wie von Frauenseite ohne große Formalitäten möglich, sollten aber bezeugt werden. Entläßt der Ehemann seine Gattin, kehrt diese in ihren Elternhof zurück. Kinder verbleiben beim Vater. Falls die Brauteltern sterben, haben Töchter nur dann Anrecht auf einen Erbteil, wenn sie noch im angestammten Familienhof leben. Als Verheiratete profitieren sie vom Erbe ihres Gatten.
Die Vermählung bedeutet den endgültigen Abschluß des Jugenddaseins. Erst nach der Heirat werden die Erwachsenen Vollmitglieder der Dorfgemeinschaft und können die Männer dem Banjar beitreten. Von nun an haben die Eltern ihren Kindern gegenüber keine rituellen Verpflichtungen mehr zu erfüllen. Aufgabe der Verheirateten ist es, sich jetzt um Vater und Mutter zu kümmern. Dies kommt vor allem in den Zeremonien für Verstorbene zum Ausdruck, bei denen sich die Kinder um die Wiedergeburt der Seelen ihrer Eltern verdient machen können.
Für die Stellung der verheirateten Frau spielt die Kastenzugehörigkeit eine entscheidende Rolle. In Ostbali kann eine Ehefrau ihre Kastenzugehörigkeit nur dann wahren, wenn sie einen Mann gleichen Standes heiratet. Vermählt sich eine Brahmanin beispielsweise mit einem „Außenstehenden", gehört sie nachher der Klasse der Sudra an. Wird ein Angehöriger der Herrscherkaste mit einer Sudra getraut, verbleibt die Gemahlin niedrigkastig, freilich in einer gehobeneren Position als zuvor. Bei priesterlich legalisierten Trauungen folgen Neugeborene der Kaste ihres Vaters. Ungerechtigkeiten ergeben sich in unseren Augen dann, wenn ein Angehöriger des Adels ein Sudra-Mädchen schwängert. Das unehelich Geborene wird der untersten Stufe der vierten Kaste zugewiesen. Gemäß dem Adat von Ostbali ist der Vater diesem Kind gegenüber jeder Verpflichtung entbunden. Die Sorge um die Erziehung des Kindes ist voll und ganz der Mutter überlassen. Oft dienen solche unehelichen Kinder in der Großfamilie ihres Vaters. Als Rechtlose begegnen sie dem Vater mit Haß und verweigern ihm den Gruß. Schwängert ein Hochkastiger hingegen ein ranggleiches Mädchen, behält das Neugeborene seine Kastenzugehörigkeit bei und findet Anschluß an die Familie.

Zeremonien für Verstorbene

Mit dem Tod fällt der Mensch den Mächten der Niederwelt anheim. Er wird zum Diener der Todesgöttin. Die Seele irrt so lange in der Nähe des Verstorbenen umher, bis der Körper materiell nicht mehr existiert. Erst nach der Purifizierung durch das Feuer und das Wasser sind die Totenrituale vollzogen. Die Kremation dient der Purifikation des Körpers, das anschließende Memukur-Zeremonial der rituellen Reinigung der Seele und des Gefühls. Der Körper wird dabei seinem Ursprung, die Seele Gott zurückgegeben. Mit Hilfe der zahlreichen Purifikationsriten sollen die unreinen Bande, welche die Seele an die Erde binden, abreißen, die Seele stufenweise von der Gebundenheit an das Gefühl und an den Körper gelockert und schließlich ganz befreit werden.
Ehrgeiz eines jeden Balinesen ist es, in einer möglichst aufwendigen Kremationsfeier eingeäschert zu werden. Ein vollständiges Ritual dient nicht allein dem Verstorbenen, sondern verhilft auch dessen Angehörigen zu Ansehen und Verdiensten. Vorausdenkende Balinesen legen bereits zu Lebzeiten einen Kremationsfonds an. Da vielen Familien die finanziellen Mittel für die aufwendigen Feiern fehlen, wird der Tote vorerst oft für einige Monate oder gar Jahre begraben, später wieder ausgegraben und erst dann eingeäschert. Nur Priester dürfen nicht dem Boden –

dem Reich der Dämonen – übergeben werden, sondern müssen ohne vorherige Erdbestattung kremiert werden. Soldaten, die im Kampf fallen, werden dank ihrem Mut und ihrer Opferbereitschaft als rituell rein betrachtet und können direkt in die Ewigkeit eingehen und sich so aus dem Kreislauf von Leben und Tod befreien. Sollten die adatgemäßen Riten nicht oder nur flüchtig ausgeführt werden, verwandelt sich die Seele des Verstorbenen in einen Geist, der die nachlässigen Nachkommen heimsucht.

Vor der Wiedergeburt verweilt die Seele im „Himmel Indras", wo sie sich irdischer Dinge erfreut, die ihr vom Leben in Bali her in guter Erinnerung sind. Erst die Befreiung aus dem Kreislauf von Leben und Tod führt zum endgültigen Einswerden mit dem Allmächtigen. Verstorbene Übeltäter werden nicht in ihrer Familie wiedergeboren, sondern müssen Tausende von Jahren ein elendes Dasein als Tiger, Schlangen, Würmer, kläffende Köter usw. fristen.

Die Kremation ist in Bali erst durch den Einfluß der Einwanderer aus dem Königreich Majapahit zur Regel geworden. In abgelegenen Dörfern der Bali Aga werden Verstorbene nicht eingeäschert. So werden in Tenganan die Leichen beerdigt, in Trunyan auf Felsen ausgesetzt, und in Sembiran wurden sie bis vor kurzem in eine Schlucht geworfen.

Durch den Tod eines Angehörigen wird die Familie rituell unrein und darf den Tempel so lange nicht betreten, bis die notwendigen Purifikationsriten durchgeführt worden sind. Die Unreinheit erstreckt sich vom Hof auf das Dorf, wobei sie umso größer ist, je höher die Stellung des Verstorbenen war. Zum Zeichen eines Todesfalles hängt außerhalb des Wohnsitzes eine Korblampe. So lange der Tote im Haus aufgebahrt ist, muß sie jede Nacht angezündet werden. Mit dem Leuchtzeichen soll der verwirrten Seele der Weg zu ihrem früheren Behältnis, dem Körper, gewiesen werden.

An einem astrologisch vorteilhaften Datum wird der nackte Leichnam rituell gewaschen. Die Haare des Toten werden geölt und sorgfältig gekämmt. Verwandte reiben den Körper mit einer Mischung von Reismehl, Salz, Essig und wohlriechendem Sandelholz ein. Dann binden sie je die zwei großen Zehen und die zwei Daumen des Verstorbenen mit weißem Garn zusammen und hängen Rollen von Ritualgeld um die Handgelenke. Die Hände werden in Bethaltung auf der Brust gefaltet, die Augenlider mit Glas bedeckt und ein goldener Ring mit einem Rubin in den geöffneten Mund geschoben. Das Gold des Ringes symbolisiert den Körper, der Rubin die Seele des Dahingeschiedenen. In den Nasenlöchern stecken wohlriechende Blütenblätter, und auf den Zähne oder den Gliedern liegen Nägel: Nach der Wiedergeburt sollen die Augen wie ein Spiegel strahlen, die Zähne oder Knochen so hart wie Eisen und der Atem so rein wie der Duft der Blumen sein. Damit die Haut nach der Wiedergeburt makellos rein sei, rollen die Angehörigen ein weißes Ei über den Leichnam. Ist die rituelle Waschung abgeschlossen, binden Angehörige den in weiße Tücher gewickelten Leichnam auf ein Gerüst aus Bambus. So lange der Tote im Hof aufgebahrt ist, reichen ihm Familienangehörige Reismus mit Nüssen, Gräsern und Blättern als Ritualmahlzeit dar. An einem vom Priester bestimmten Tag wird der Verstorbene unter Musik- und Gesangsbegleitung zu Grabe getragen und erst einige Tage vor der Kremation wieder ausgegraben. Die sterblichen Reste werden im gleichen Hause aufgebahrt, wo der Tote vor der Erdbestattung gelegen hat. Angehörige bringen Brokatstoffe sowie Gold- und Silberschalen. Zu den weiteren Gaben zählen Flechtwerke aus Kokospalmblättern und Blumen, ferner ein Menschenbild, dessen „Knochen" durch alte chinesische Münzen und die „Nerven" durch weißes Garn dargestellt werden. Kompliziert ist der Aufbau der Rituallampe. Als Basis dient eine mit Reis gefüllte Kokosnuß, die das Herz symbolisiert. Darin steckt ein Stab, der mit weißem Garn (dem „Gehirn") überzogen ist. Daran ist ein Lämpchen aus einer Eischale befestigt. Es soll an die Liebe des Verstorbenen erinnern. Inschriften auf den Leichentüchern enthalten magische Symbole und Weihesprüche, die der Seele helfen sollen, den Weg in den Himmel leichter zu finden. Spezielle Gaben dienen der ins Jenseits wandernden Seele als Wegzehrung. Es handelt sich um verschiedene Nahrungsmittel und Bargeld.

Die Familie hat nicht nur dem Körper des Verstorbenen Rechnung zu tragen, sondern muß sich auch um die Pflege der Seele kümmern. Von Bedeutung ist dabei das Herstellen eines Behältnisses, das der Seele für eine bestimmte Zeitspanne als Aufenthaltsort dienen kann. Es besteht aus Blättern der Lontarpalme und aus Sandelholz; daran angeheftet ist ein Palmblatt mit dem Namen des Verstorbenen. Diese Bestandteile werden in ein silbernes Gefäß gelegt, das für den Empfang der Seele auch Blumen, den Betelbissen, Gold- und Silberschmuck, Brasselette und Fußspangen enthält. Nach dem Anrufen auf dem Friedhof wird die Seele gebeten, im dargebotenen Behältnis Platz zu nehmen. Ein Mädchen trägt das Silbergeschirr auf dem Kopf in den Familienhof zurück und stellt es neben den Leichnam, wo das Rituallämpchen brennt. Täglich muß der hier verweilenden Seele Wasser von heiligen Quellen gespendet werden.

Schon viele Tage vor der Feuerbestattung sind Dorfbewohner mit dem Herstellen des Leichenturms und des Sarges beschäftigt. Der Aufbau der Totenbahre in Turmform erinnert an das balinesische Weltbild. Die Basis symbolisiert die Niederwelt. Der Bereich der Menschen wird durch eine Plattform dargestellt, auf welche die sterblichen Überreste gelegt werden. Die in ungerader Zahl folgenden Dächer widerspiegeln die verschiedenen Stufen des Himmels. Nur Leichenbahren für Brahmanenpriester haben die Form eines hohen, offenen Sessels. Der Turm ruht auf einer Brücke aus Bambus. Wie die Anzahl der Turmdächer früher durch die Kastenzugehörigkeit des Verstorbenen bestimmt war, ist ursprünglich auch die Form des Sarges kastengegeben. So stand den untersten Sudra lediglich eine Totenkiste zu, während höher gestellte Angehörige der vierten Kaste Anspruch auf einen Sarg in der Gestalt eines Fabelwesens halb Elefant, halb Fisch hatten. Galionsverzierungen an Auslegerbooten weisen die gleiche Form auf. Verstorbene der Herrscherkaste wurden in einen geflügelten Löwen gelegt, Angehörige der dritten Kaste in einen Sarg, der einem Reh gleicht. Bullen- und Kuhsärge standen ursprünglich nur der Brahmanenkaste zu, weiße den Priestern, schwarze den Laien. Heute spielen bei der Auswahl des Sarges und der Leichenbahre eher finanzielle Überlegungen oder Gelübde eine Rolle.

Am Tag der Kremation tragen Banjarangehörige den Toten aus dem Familienhof. Draußen wartet die Burschenschaft darauf, den Trägern die Leiche zu entreißen. Unter hektischem Geschrei entwickelt sich ein Kampf um den Verstorbenen. Die Behandlung ist alles andere als feinfühlig, gilt doch der Leichnam als unreines Element, dessen man sich ohne große Rücksichtnahme möglichst rasch entledigen soll. Staubwolken wirbeln auf, und Leute werden zu Boden gestoßen. Frauen und Kinder gehen den Streitenden ängstlich aus dem Weg. Schließlich beruhigen sich die Jugendlichen und die Männer können die Leiche auf die Plattform der Bahre betten. Darauf setzt sich der Kremationszug in Bewegung. An der Spitze marschieren Musikanten mit Angklung-Instrumenten, gefolgt von ungefähr hundert Jugendlichen, die den Sarg tragen. Dahinter folgen die Männer mit dem Leichenturm. Einige Knaben und Männer reiten auf der Bahre mit, während andere Dorfbewohner ein langes Seil oder Tuch halten, das an der Bahre befestigt ist. So helfen sie alle mit, dem Toten den Weg zum Ort der Einäscherung zu weisen. Tanzend und grimassenschneidend führt ein Spaßmacher den Zug an. Die wilde Horde halbnackter Männer wählt keineswegs den kürzesten Weg. Schwitzend, keuchend und lärmend laufen sie nach links und rechts, Böschungen hinauf und hinunter, aber stets darauf achtend, daß an Wegkreuzungen der Turm dreimal im Uhrzeigersinn gedreht wird. Es mag als ein Wunder erscheinen, daß die schwankende, oft über zehn Meter hohe Totenbahre dabei nicht umkippt. Die Hektik soll dazu dienen, die Seele derart zu verwirren, daß sie den Weg zu ihrem ursprünglichen Behältnis – dem Körper – nicht mehr findet. Auf dem Friedhof wird eine

Bambustreppe an den Leichenturm geschoben, die sterblichen Überreste von Mann zu Mann gereicht und dann mit verschiedenen Beigaben in den Sarg gelegt. Ein Priester besprengt den Toten und das Seelenbehältnis mit Weihwasser. Adatstrenge Balinesen entfachen das Feuer mit Hilfe eines Brennglases, das sie gegen die Sonne richten. Andere wiederum zünden das Holz mit Fackeln an. Das Brennholz unter dem Sarg soll Sandelholz und weitere wohlriechende Hölzer enthalten. Viele Dorfbewohner verlassen nun den Kremationsplatz, während Angehörige und vom Banjar beauftragte Männer weiterhin an der Stätte der Einäscherung verharren. Den Aufgebotenen kommt eine recht unfeierliche Aufgabe zu: Sie sind verantwortlich dafür, daß die sterblichen Überreste vollständig kremiert werden. Es stört die Zuschauer – darunter viele Kinder – keineswegs, wenn die Männer nur halbwegs verbrannte Körperteile herausstochern, mit Hackmessern verkleinern und wieder ins Feuer zurückschieben. Nach ungefähr zwei Stunden wird das Feuer erstickt und der in der Zwischenzeit seines Schmuckes beraubte Leichenturm verbrannt.

Nach der Purifikation durch das Feuer erfolgt eine zweite rituelle Handlung. Angehörige des Kremierten erstellen aus weißer Knochenasche ein „Bild" des Verstorbenen. Der Priester bittet Gott, die Seele freizugeben und sie für kurze Zeit in die Figur eindringen zu lassen. Anschließend wird die Asche in eine gelbe Kokosnuß geschüttet, die nun der Seele als neues Behältnis dient. Dann trägt ein Prozessionszug die Asche ans Meer oder an einen Fluß, wo die Geister des Wassers gebeten werden, die Asche sorgfältig wegzutragen: Der Körper, der aus dem Wasser entstanden ist, kehrt nach dem Tod in sein Ursprungselement zurück, das so die Wiedergeburt einleiten kann.

Trotz großer Opfer bedeutet die Zerstörung des Körpers noch keineswegs das Ende der Reinigungsrituale. Weitere Zeremonien gelten jetzt der Seele, die im Gedankengut der Balinesen noch immer auf der Erde umherirrt. Damit die unruhige Seele die Angehörigen nicht heimsuche, wird ihr ein Sitzplatz in einem hölzernen Behältnis angeboten. Bei der nun folgenden Memukur-Feier wird das Seelenbehältnis eingeäschert, in einem Ritual, das an die Kremation erinnert. Diese Verbrennung spielt sich zwischen Mitternacht und vor dem Morgengrauen ab. Die zeitliche Festlegung wird damit begründet, daß Seele und Gefühl zu dieser Zeitspanne am stärksten von ihrer Körpergebundenheit gelöst seien. Es wird darauf hingewiesen, daß die Träume beim Einschlafen noch körpergebunden seien und die Befreiung von der erdgebundenen Gefühlswelt erst nach Mitternacht erfolge. Wie vorher die Asche des Verstorbenen wird auch die Asche des Seelenbehältnisses in einer gelben Kokosnuß aufbewahrt, die anschließend in weiße Tücher gewickelt und mit Blumengebinden, Ritualmünzen und Goldschmuck verziert wird. Zusätzlich wird eine Zeichnung des Verstorbenen und ein Lontarblatt mit dessen Namen in die Kokosnuß gelegt, die nun als Ritualgegenstand geschmückt „Blüte" (puspa) genannt wird. Noch vor Morgengrauen rezitiert der Priester seine heiligen Texte, und die Angehörigen verweilen in gemeinsamer Fürbitte.

Nach diesen Handlungen wird der Puspa in einer silbernen Schüssel entweder auf dem Kopf von Frauen oder auf einer Turmbahre, die an den Kremationsturm erinnert, an den Strand oder an einen Fluß getragen. Im Anblick des Gunung Agung oder eines andern markanten Göttersitzes wird die Kokosnuß mit der Symbolasche dem Meer übergeben, wobei darauf geachtet wird, daß die Kokosnuß keinesfalls wieder ans Ufer zurückgespült wird. Erschöpft, doch zufrieden, wandern die Balinesen gegen Mittag ins Dorf zurück, überzeugt davon, ihre Pflicht gegenüber dem Verstorbenen erfüllt zu haben. Nach dem Gedankengut einfacher Inselbewohner ist damit die Seele von ihrer Bindung an die Erde befreit. Fromme Balinesen freilich halten an astrologisch günstigen Daten weitere Feiern ab, bei denen die Familien den Gott des Meeres anflehen, die Seele erneut freizugeben. Neue Behältnisse werden hergestellt und später wieder zerstört, so oft, bis die Nachkommen der Überzeugung sind, daß sich die Seele nun unwiderruflich von der Erdgebundenheit gelöst habe. Ist ihr Kontakt nach all den Purifikationsriten zur Welt und den Dämonen definitiv abgebrochen, betrachten die Angehörigen die Seelen der Verstorbenen als göttliche Wesen, die im Familientempel verehrt werden. Nach der Vergöttlichung kann sich der Ahne in einem Neugeborenen derselben Familie inkarnieren. Für die Balinesen gleichen die Nachkommen nicht nur ihren Vorfahren, sondern sie sind die wieder zu Mensch gewordenen Ahnen selber. Manchmal vermag sogar ein Hellseher Auskunft darüber zu erteilen, welcher Vorfahre wiedergeboren wurde.

Vollständig Purifizierte gelten nicht mehr als Einzelwesen. Die Seele jedes Dahingeschiedenen vereinigte sich mit den Seelen der Vorfahren, die letztlich auf den Dorfgründer zurückgehen. Nun ist es auch verständlich, daß jedes balinesische Dorf drei Kultstätten aufweisen muß. Der Ursprungstempel ist der Ort, in dem die Gläubigen den Besitzer des Bodens und die vergöttlichten Dorfgründer verehren. Auf dem Friedhof werden Totenrituale vollzogen und im nahen Tempel der Niederwelt wird der Göttin des Todes gedacht. Rituelle Dorfversammlungen finden im Dorftempel statt, der seiner Funktion gemäß zwischen den beiden erstgenannten im Zentrum der Gemeinde liegt.

Glossar

abuang	chthonischer Ritualtanz
adat	unkodifiziertes Gewohnheitsrecht
ageng, agung	groß, erhöht. Titel von Angehörigen der Herrscherkaste
alus	Sprache, mit der sich ein Balinese an die Notabilitäten wendet
angklung	Musikinstrument: Gitterrassel. Orchester für Totenrituale
arak	Branntwein
Bahasa Indonesia	indonesische Staatssprache
bali aga	Balinesen aus Gegenden, die nicht dem hindujavanischen Einfluß unterlagen
balian	Meister der Weißen Magie; Naturheilarzt
baris	alter Drilltanz (Gruppentanz) im Tempel. Moderner Baris mit Solotänzern
barong	mystische Figur, welche Kräfte der Weißen Magie ausstrahlt. Tanzdrama
batu	Stein, Fels
bhatara	Titel für Gott, vergöttlichte Ahnen oder andere göttliche Wesen
bhatari	Femininum von bhatara
brahmana	(Angehörige der) Priesterkaste
bukit	Hügel, Berg
Caldera	kesselförmiger Einbruch in Vulkangebieten
candi	Kultbau aus Naturstein
candi bentar	„getrenntes Candi“; Eingangspforte in den Tempel
cecak	Gecko; Hauseidechse
cekepung	vokale Musikform mit Gesängen, Flötenbegleitung und sitzend tanzenden Männern
chthonische Sphäre	erdgebundener, dämonischer Bereich
dalem	balinesischer Titel für Könige
désa	Dorf; Dorfgemeinschaft
déwa (m), déwi (f)	Gott, Titel für göttliche oder vergöttlichte Wesen. Titel für Angehörige der Herrscherkaste
durian	„Stachelfrucht“ (Duria zibethinus)
enau	Zuckerpalme (Arenga pinnata)
gajah	Elefant
gambir	Absud von Blättern und Trieben der Uncaria gambir; Bestandteil des Betelbissens
gong	Musikinstrument; Orchester
gringsing	magisches Tuch aus Tenganan
grya	Palast einer Brahmanenfamilie
gunung	Berg
gusti	Titel für Angehörige der dritten Kaste
ibu	Mutter
Ibu Perthiwi	„Mutter (Göttin) Erde“
Ida Bagus, Ida Ayu	Titel für männliche und weibliche Angehörige der Brahmanenkaste
jambu	tropische Frucht (Eugenia jambos)
jeruk bali	balinesische Pampelmuse (Citrus maxima)
kabupatén	Distrikt
kahyangan tiga	die drei Haupttempel eines Dorfes: Ursprungstempel, Tempel der Dorfgemeinschaft, Tempel des Todes
kasar	rauh; Sprache der Sudra
kawi (kakawin)	altjavanische Sprache. Name der Kawi-Poesie mit spezifischem Versmaß
kécak	modernes Tanzdrama, mit singendem Chor von Sitztänzern
kulkul	zu Signalzwecken aufgehängte Schlitztrommel
lamak	Flechtstreifen als Verzierung und Opfergabe
Langgras	Imperata cylindrica, Alang-Alang
légong	Tanz junger Mädchen
léyak	Werwolf
Lontarpalme	Borassus flabellifer. Ursprünglich: Rontalpalme
madya	Mitte; Höflichkeitssprache
madyapada	„mittlere Sphäre“: Raum der Lebenden zwischen Göttern und Dämonen
Mangistan	tropische Frucht (Garcinia mangostana)
Mango	tropische Frucht (Mangifera indica)
Maniok	tropische Knollenfrucht (Manihot utilissima)
mantra	Ritualformel in Sanskrit oder Altjavanisch
manusa yadnya	Zeremonien im Lebenslauf eines Menschen

méru	Tempelgebäude mit Pagodendächern
mpu	Meister; Meister einer Handwerkergilde
mukur (memukur)	Purifikationszeremonie für die Seele und das Gefühl eines bereits Kremierten
nangka	tropische Frucht (Artocarpus heterophyllus)
nangluk merana	„den Tod fernhalten". Zeremonie, um Schädlinge von den Pflanzungen abzuhalten
nusa	kleine Insel
odalan	Geburtstagsfeier für einen Tempel. Bezeichnung für das 210-Tage-Jahr
paksa Budha	buddhistische Richtung innerhalb des balinesisch-hinduistischen Glaubens
paksa Siwa	schiwaistische Richtung innerhalb des balinesisch-hinduistischen Glaubens
Pandanus	„Schraubenbäume". Gattung der Familie der Pandanaceen
Papaya	tropische Frucht (Carica papaya)
pedanda	Brahmanenpriester
pemangku (mangku)	Laienpriester; Funktion meistens auf einen bestimmten Tempel beschränkt
péndét	Tanz, um Gott oder Gäste willkommen zu heißen
pengiwa	Schwarze Magie
pénjor	mit Opfergaben behangener Bambuswipfel
puspa	„Blüte". Ritualgegenstand für Purifikationszeremonial nach der Kremation
pura	Tempel
pura dalem	Tempel der Niederwelt; Tempel des Todes
pura désa, pura balé agung	Tempel der Dorfgemeinschaft
pura puseh	Ursprungstempel
puri	Palast für Angehörige der Herrscherkaste
rambutan	„Haarfrucht" (Nephelium lappaceum)
rangda	„Witwe". Verkörperung der Schwarzen Magie
rejang	Ritualtanz der Mädchen
sakti	übernatürliche Ausstrahlung. Titel für göttliche Wesen oder vergöttlichte Ahnen
salak	tropische Frucht (Zalacca edulis)
Sang Hyang	Titel für Gott
Sanghyang-Tänze	Trancetänze
Saraswati	Göttin der Weisheit und der Künste
Sasak	Volk auf Lombok; Sprache dieses Volkes
saté	Fleisch, an Stäbchen geröstet
sawah	Naßreisfeld
sengguhu	Exorzistenpriester (Geisterbeschwörer)
Siwa sempurna	Léyak der obersten Gefährlichkeitsstufe
subak	Bewässerungskomplex; Vereinigung der Subakgenossenschafter
surya	Sonne
topéng	klassisches Maskenspiel
trimurti	hinduistische Dreifaltigkeit; in Bali: Wischnu – Brahma – Ischwara
triwangsa	„drei Kasten"; Angehörige des Adels
tuak	Palmwein
tumbak	Lanze
upacara	Zeremonie
uranischer Bereich	himmlischer, göttlicher Bereich
Waringin-Baum	Ficus benjamina
wayang kulit	Schattenspiel mit Puppen
wayang wong	Drama mit Schauspielern
wésya	Angehörige der dritten Kaste. Dritte Kaste
yadnya	Zeremonien
yéh	Wasser, Fluß

Sachwortregister

Die halbfetten Ziffern weisen auf Abbildungen hin

Bibliographie

Ardana, I G. Gdé: Pengertian Pura di Bali. Dénpasar, 1971
Bali, Studies in Life, Thought, and Ritual; Selected Studies on Indonesia by Dutch Scholars, V. Den Haag, 1960
Bali, Studies in Life, Thought, and Ritual; Selected Studies on Indonesia by Dutch Scholar, VIII. Den Haag, 1969
Belo, J.: Trance in Bali. New York, 1960
– Rangda and Barong. Seattle, London, 1966
– Temple Festival. Seattle, London, 1966
– Traditional Balinese Culture. New York, London, 1970
Blackwood, R.: Beautiful Bali. Melbourne, 1969
Boser, R.: Kleine Welt zwischen Licht und Dunkel. In: PRO, 13. Basel, 1970
Bruhat, J.: Histoire de l'Indonésie. Paris, 1968
Bühler, A.: Bali, Ausstellungsführer. Basel, 1955–1956
Covarrubias, M.: Bali, Singapore, 1972
Department of Information: Bali, Isle of Temples and Dances. Jakarta, 1967
Esdorn, I.; Pirson, H.: Die Nutzpflanzen der Tropen und Subtropen in der Weltwirtschaft. Stuttgart, 1973
Ginarsa, Ktut: Gambar Lambang. Dénpasar, 1971
Goris, R.; Dronkers P. L.: Bali, Atlas Kebudayaan. Jakarta, 1953
Hirschberg, W.: Wörterbuch der Völkerkunde. Stuttgart, 1965
Hoefer, H.; Black, S.: Guide to Bali. Singapore, 1974
Hooykaas, C.: Agama Tirtha. Five Studies in Hindu-Balinese Religion. Amsterdam, 1964
– Religion in Bali. In: Iconography of Religions, XIII/10. Leiden, 1973
Imber, W.; Uhlig, H.: Indonesien. Bern, 1973
Keller, W.: Verzaubert durch Harmonie. In: Merian, 10. Hamburg, 1978
Koninklijk Instituut voor de Tropen: Indonesië. In: Landendocumentatie, 152/153. Amsterdam, 1972
Korn, V. E.: Het Adatrecht van Bali. s'Gravenhage 1932
Leemann, A.: Bali. Auswirkungen des balinesischen Weltbildes auf verschiedene Aspekte der Kulturlandschaft und auf die Wertung des Jahresablaufes. Bern, 1977
McPhee, C.: Music in Bali. New Haven, London, 1966
Meier, Th.: Bali – Insel der Götter, Geister und Dämonen. Zürich, 1975
Meyers Kontinente und Meere: Asien, Australien, Inseln und Meere. Mannheim, 1973
Moerdowo, R.: Ceremonies in Bali. Yogyakarta, 1973
Moore, J.: Bali. Island of a Thousand Temples. Singapore, 1970
Murawski, H.: Geologisches Wörterbuch. Stuttgart, 1972
Parisada Hindu Dharma: Upadeça tentang ajaran-ajaran Agama Hindu. Dénpasar, 1968
Puniatmaja, I B. Oka: Pangider-Ideran (Manuskript). Dénpasar, 1975

Putra, I G. Agung:
– Désa Adat di Bali
– Hari Raya Nyepi
– Upacara Potong Gigi
– Widdhi Tattwa
Vorlesungsmanuskripte. Dénpasar, 1972
– Kumpulan kuliah-kuliah agama I. Dénpasar, 1974

Ramseyer, U.: Kultur und Volkskunst in Bali. Zürich, 1977
Roeder, O. G.: Historische Reminiszenzen. In: Merian, 10. Hamburg, 1978
Schlager, E.: La musique de Bali. In: Histoire de la musique I. Paris, 1960
Schubert, R.: Tips und Hinweise. In: Merian, 10. Hamburg, 1978
Speed, F. W.: Indonesia Today. Sydney, 1971
Stuart-Fox, D. J.: The Art of the Balinese Offering. Yogyakarta, 1974
Swellengrebel, J. L.: Kerk en Tempel op Bali. s'Gravenhage, 1948
Tusan, Nyoman: Pameran Seni Rupa 72. Dénpasar, 1972
Virama Karya: Laporan reconnaissace pola induk tata air pulau Bali (Manuskript). Jakarta, 1971
Wagner, F. A.: Indonesien. Die Kunst eines Inselreiches. Baden-Baden, 1962
Westermann Lexikon der Geographie. Braunschweig, 1970
Wirz, P.: Der Totenkult auf Bali. Stuttgart, 1928
Zoete, B. de; Spies, W.: Dance and Drama in Bali. London, 1973

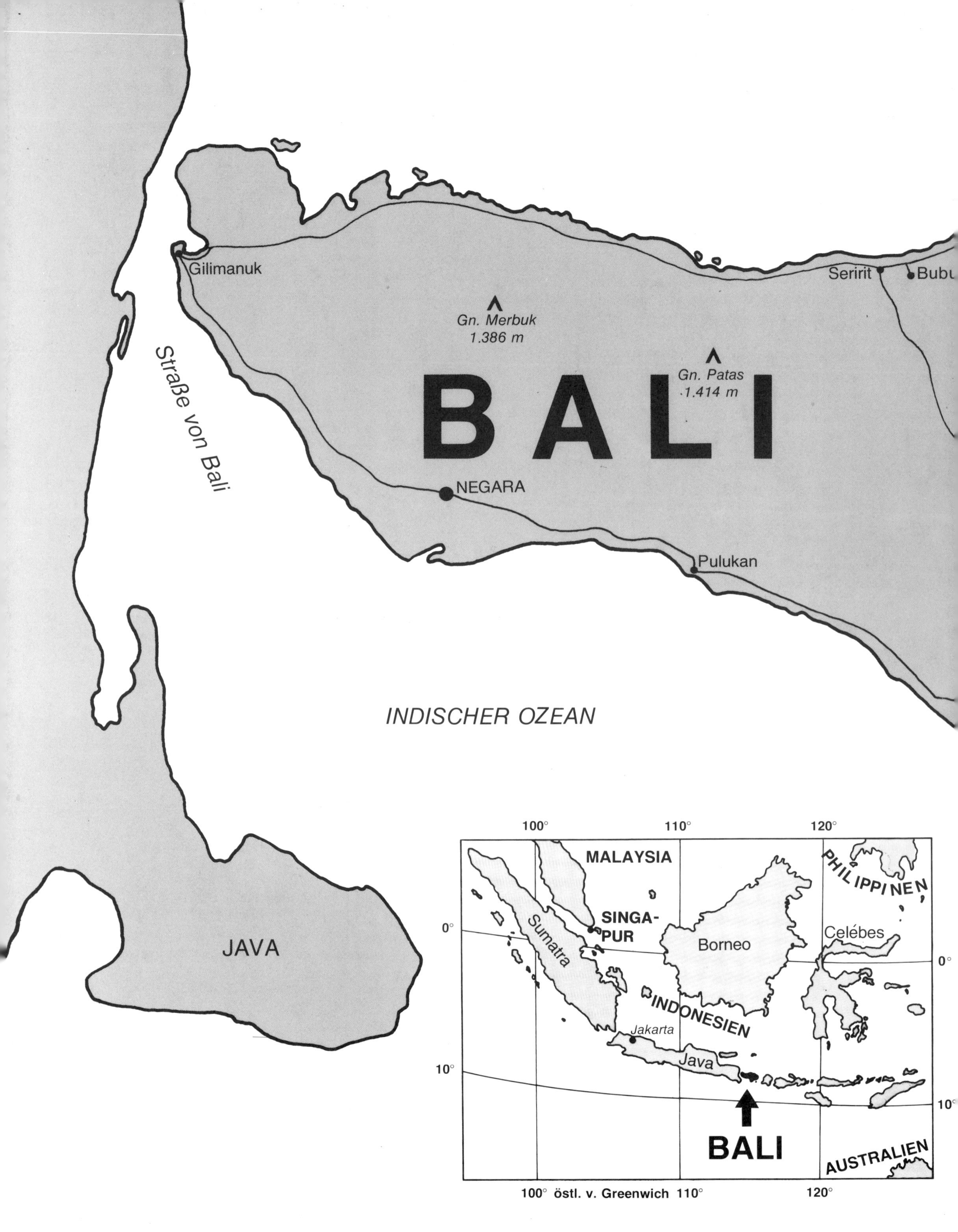

BALI
Gilimanuk
Gn. Merbuk
1.386 m
Gn. Patas
1.414 m
Seririt
Bubu
Straße von Bali
NEGARA
Pulukan
INDISCHER OZEAN
JAVA
100°
110°
120°
0°
10°
MALAYSIA
PHILIPPINEN
SINGA-
PUR
Sumatra
Borneo
Celébes
INDONESIEN
Jakarta
Java
BALI
AUSTRALIEN
100° östl. v. Greenwich 110°
120°